トラブルをドラマに変えてゆく
教師の仕事術

特別支援教育が変わるもう一歩の詰め

学芸を未来に伝える
学芸みらい社
GAKUGEI MIRAISHA

まえがき

本書は、特に次のような疑問にお答えする形でまとめている。


「同じように指導をしていても、なかなか同じような結果が出ない」

「以前も指導したことが、子どもたちに定着しない」


私のもとには、このような声が多く寄せられる。

確かに、一見すると私と同じような指導をしているように見える。しかし、よくやりとりを聞いていると、次のようなことを感じてしまう。

①大切なところはそこではない。さらっと流している〝ここ〟を押さえておかないと、子どもは変わらない。
②そこで終わってしまったら、この指導はこの事例でしか使えない。次につながるように、他の同じような場面でも使えるように、もう少し指導しておけばいいのに。

いずれも間違ってはいない。しかし、それだけでは効果が薄い。

そのほんの少しの足りない部分を、私は「もう一歩のつっこんだ指導」と呼んでいる。

その「もう一歩のつっこんだ指導で特別支援教育は変わる」という視点でまとめたのが本書である。

例えば、失敗をなかなか受け入れられない子がいたとする。

その子が、五色百人一首で負けたのに我慢してキレなかった。この子の成長にとって素晴らしいできごとである。では、この時どうするだろうか。

①まず、この子を呼んで褒める。あるいは、みんなの前で褒めるという方法もある。

これは当たり前である。誰もが行う対応だろう。

②さらに、連絡帳に書いて保護者に伝える。

これも良い教師なら行っている対応である。ここまでは一般的である。

私は、さらにもう一歩突っ込んで考える。

例えば、③次の日に連絡帳を見ながら、もう一度褒める。

これは効果がある。前の日のできごとが、次の日にもつながってくる。もし、保護者からの返事があれば、それも本人の前で読んであげる。

ここまでで、どれだけその子が褒められたことになるだろうか。

「①呼んで褒められる」「②連絡帳に書いて褒められる」「③家で保護者に褒められる」「④学校で翌日、連絡帳を見ながら褒められる」と四回にわたって褒められたことになる。

「負けたのに我慢した」という事実をその場で終わらせるのか、それとも四回にわたって褒めるように仕掛けるのか、子どものその後が大きく変わってくるのは想像がつくことだろう。

ところで、この事例はここでは終わらない。さらに突っ込んで行う。

次の五色百人一首の始める前に、思い出したかのように「そういえば、この前の百人一首の時は、負けても我慢して凄かったね」と褒める。

このような声かけで、今後のこの子の姿を変容させる手立てを行うのである。

連絡帳に書いて褒めた時には、時々思い出したように連絡帳をめくって、そのページを見ながら褒めることもある。

この手法は、連絡帳だけでなく、算数ノートや漢字ノートなど、他の多くの場面でも活用している。

本書を執筆するにあたって、このような具体的場面の指導で、「どこがポイントなのか」「どこを強調して指導するのか」を明らかにすることを意識した。

また、実際に「どのような言葉かけをするのか」ということもできるだけ具体的に記したつもりである。

本書の中では、イメージを持ちやすくするためA君やB君のような表記でなく、名前の表記にしているが、これらは全て仮名であることをお断りしておく。

なお、特別支援教育の中で、多くの先生方の悩みといえば、「教室の荒れ」「いじめ」「トラブル」であろう。誌面の都合上、本書では詳しく述べることができなかった。

そこで、「予防」と「対応」の視点、そして具体的な指導場面を取り上げて、独立した一冊にまとめた。本書と同時発刊となった『喧嘩・荒れ とっておきの学級トラブル対処法』である。

併せて読んでいただくことで、さらに理解が深まり、指導が一本の線のようにつながっていくと思う。

なぜ、自分の指導が上手くいかないのだろうか。

この二冊が、そのように悩んでいる多くの先生方の力になれれば幸いである。

小野隆行

目次

第3章

黄金の三日間の過ごし方、もう一歩の詰め

第4章

指示したことは必ずやらせることが教師の仕事……111

第5章 がんばっている子が得をするから、いいクラスになる……139

第6章 役割を与え、成功させることが教師の仕事……157

あとがき……170

第1章

失敗を失敗で終わらせない学級経営、もう一歩の詰め

1 失敗を失敗で終わらせない

一　失敗体験をさせないシステム作り

発達障害の子は、他の子より失敗体験を多く重ねていく。そのことで、「自分はできないんだ」「どうせやっても無駄だ」「なんで自分だけ叱られるんだ」というような考えをもっていく。これが一番の問題である。

発達障害について多くの著作をもつ杉山登志郎氏は、「情緒的なこじれを起こさないこと」を重要な指導の指針にあげている。

情緒的なこじれを起こさないようにするためには、まず、クラスの中に「失敗を起こさないシステム」を作ることが大切である。

できれば、向山洋一氏が提唱する「黄金の三日間」のうちに、そのシステムを作りたい。なぜなら、その時にはクラスの全員がシステムを知らない状態であり、その中では失敗が目立たないからである。

失敗体験をさせないシステム作りについて、環境面と対応面から考えていくことにする。

二　環境面のシステム作り

①教室の前面掲示はどうなっているか。

発達障害の子は、ワーキングメモリーが少ない。

だから、多くのことを一度に処理することができないのだ。このことから、教師が気をつけなければならないことがわかる。

教室の前面は、すっきりさせる。

子どもたちが、今何をしているのかがわからなくなった時、何を頼りにするだろうか。

それは、教室の前面にある黒板である。

だから、黒板の周りにベタベタと派手な掲示物を貼っている教師は、発達障害の子のことを何も理解していないということである。

通常発達の子は、必要な情報と不必要な情報とが選択できる。しかし、発達障害の子には全部同じように見えてしまう。

だから、今の学習に必要のない掲示物は、余計な刺激にしかならないのである。

また、掲示物が風でひらひらと揺れたり、外れかけたりすることもあるだろう。それも大きな刺激である。

いったん気になると、なかなかその刺激を無視することが難しいのである。

このように教室前面の環境を整えることが、失敗体験をなくすシステム作りの第一歩となる。

なお、黒板にベタベタと貼っているのは、最悪の行為であることは言うまでもない。これは、子どもの思考を教師が邪魔しているのと同じことである。

②忘れ物をした時のシステムはあるか。

発達障害の子は、忘れ物が多い。では、子どもが忘れ物をした時にどうするか?

こういう時には、その子が大きくなった時にどのような行為が必要なのかを考えるとよい。

教師が説教したり叱ったりすることで、その子の忘れ物は直るだろうか。決してそんなことはない。

どうすれば、忘れ物をなくせるかという方法を教えることがまず、重要である。

メモを作ることや、準備をする時間を決めるとか、保護者との相談も必要かもしれない。

それでも、忘れ物が完全になくなるということは難しいだろう。この先も何度も忘れ物をするはずである。

その時に大切なのは、

忘れた物を自分から教師に借りにいくこと。

である。

そして、もう一つ大切なことは、

お礼が言えること。

である。これらができれば、社会に出ても活用できる。

そして、一連の行動の中では叱られることがない。これは、情緒的なこじれを起こすことがないことを表している。

逆に、正しい行為をすれば褒められることを体験する。

それを多くの教師は、いちいち注意したり叱ったりする。それが続けば、子どもは忘れ物をしても借りにいくことができなくなってしまう。

どちらの対応が、その子の将来にとって役立つだろうか。

教室の中に忘れた子用の文房具や紙が大量に用意されているクラスは、環境面で「失敗体験をさせないシステム」が作られていると判断できる。

私の教室には、大ざっぱに言って、次のようなものが用意されている。

- 鉛筆、赤鉛筆三ダース程度
- 消しゴム一〇個
- 定規二〇本
- 三角定規、分度器二〇個
- ネームペン一〇本
- のり一〇個
- 下敷き四〇枚
- コンパス一五個

さらに、ノートを忘れた時のための紙、絵の具や習字道具、リコーダーなどもたくさん用意している。

文房具を忘れた子どものために、鉛筆や消しゴム、定規などを大量に用意しておこう。

❷ 対応面のシステムを作る

一　三つの場面

①宿題を忘れた時にどう対応するか。

忘れ物が多い発達障害の子にとって、宿題の忘れ物がどうしても多くなるだろう。この忘れた時にどうするかということも、システムになっていなければならない。当然、叱らないようにする。

私のクラスでは、忘れたら朝の時間にやることになっている。さらに、それでも間に合わない時には、朝の会の後で自分から言いにくることになっている。

こうすれば、叱らなくてもすむ。逆に、「わかりました。よく言えたね」というように定着するまで、しっかりと褒めるようにする。

忘れた時に言いにくる時間を決めておくと、子どもたちは忘れずに言いにくることができる。これもシステムである。

②座席の位置をどうするか。

座席の位置は、できるだけ前の方がよい。

なぜなら、困った時や失敗しそうな時に、教師がすぐに支援できるからである。

例えば、注意欠陥が強い子がぼ～っとしている時、今やっている問題を指でさりげなく押さえてあげることができる。一時間の中で、そういう支援が何度も必要な時がある。

その時にも注意することなく、さりげなく対応することができる。

また、ＬＤの子への支援もやりやすい。

わからない時にノートに赤鉛筆でうすく書いてあげたり、小さな声で書くことを教えてあげたりと、これも全体の中で目立たないように支援することができる。

衝動性が強い子にも有効だ。教室の後ろにいると、教師や黒板までにいろいろな刺激が存在することになる。その刺激が気になって、学習に集中できなくなることもある。ただ、不安傾向が強い自閉症グループの子は、後ろの席がよいこともある。そういう子は、教室全体を自分で把握していないと不安になるからである。

それでも前の席に座らせたい時は、一番端の席にするなどの配慮が必要だろう。

③トラブルを起こした時にどう対応するか。

トラブルを起こした時にも、叱ってはいけない。

なぜなら、この先もトラブルを多く起こすことが予想されるからだ。その時に、どうすれば解決できるのかを教えていくことが大切になってくる。トラブルは、正しい行為を身につけさせるチャンスだと考える。

基本的には、喧嘩は両成敗である。どちらが悪いと教師が一方的に決めつけるのが一番よくない。

まず、片方ずつ簡単に話を聞いて、「○○君の話はよくわかった」と同意する。「○○君が正しい」と言っているわけではない。「言っている内容がよくわかった」という意味での「わかった」である。

その上で、自分の悪いところをお互いに謝らせる。相手が「いいよ」と言うまで何度も謝ることを教える。

そして、「話ができたこと」「きちんと謝れたこと」を褒める。

ここで、大切なことが二つある。一つは、「もう、この話はこれで終わりにする」ということである。そうしなければ、次のトラブルの時、またこの時のことが出てくる。

もう一つは、「次に喧嘩した時も、また仲直りできるよ」と励ますことである。

このように、トラブルを起こしても、最後は成功体験で終わるようにする。その経験があるから、トラブルを起こしても素直に謝ることができるようになるのである。

終わらせる。これが大切な対応の原則である。

そのためには、教室の中が失敗体験をさせないシステムになっていることが望ましい。まずは、基礎的な「環境面」「対応面」から始めるとよいだろう。

二　喧嘩の仲裁で子どもが大きく変化する

「教室は間違うところだ」という詩がある。そのことを四月に取り上げる教師がたくさんいる。

しかし、それを一年間継続して取り組める教師は、ほとんどいない。

向山実践には、「失敗できるシステム」がきちんと存在している。

このことは、特別支援を必要とする子どもたちにとって、非常に大きな意味をもっている。

「教えて褒める」指導で、荒れていた子どもたちはみな、大きく変化していった。

喧嘩の仲裁の時に、私はまず子どもたちに説明の仕方を教える。

小さな声で言いなさい。

親指と人差し指の幅で声の大きさを視覚的に示し、ささやくような声で説明させる。興奮した子どもに説明させると、だんだん声が大きくなっていく。そして、自分の声で、さらにイライラが募っていくのだ。

それが、この指示を出すと、驚くほど子どもは落ち着いていく。行為が変われば、感情も変わっていくのである。

そして、「大声で言うのは文句で、説明ではないこと」を教え、それを実行できたことを強く褒める。このようにして、正しい行為を教えて褒めていくのである。

また、聞いている子にも教えることがある。それは、「聞いている途中に口を挟まない」ことである。これを許すと、余計に関係がこじれ、喧嘩の仲裁は不可能になる。

だから、それができたことを取り上げて、強く褒めるのである。

これらの教えて褒めることは、その子だけに影響を与えているのではない。相手の子にも間接的に指導しているのだ。

三　反省と謝り方を教えて褒める

お互いに説明をさせた後は、自分のことを自己評価させる。自分のしたことを10点満点で評価させることが多い。

自分が全部悪かったら0点。相手が全部悪かったら10点。その間ぐらいだったら5点。点数をつけてご覧。

このように自己評価させる。大切なのはこの後である。

点数を聞くのは、自分の点数を低めに言いそうな子から聞く。例えば、３点と答えたら、次のように話す。


７点分も反省してるんだ。立派だなあ。


これも、その子を褒めているだけではない。相手の子にも間接的に指導している。

だから、それを聞いた相手の子は、自分の点数を最初より少し下げようとする。

次に、反省できたことを褒め、悪かったことだけを謝らせる。自分で「悪かった」と認めていることだから、素直に謝れる。

謝る時には、姿勢・表情・言い方などを指導する。発達障害の子には、特に大切な指導になってくる。

この時、「もうしません」と約束させてはいけない。子どもなのだから、また繰り返すのは当たり前だ。それよりも、今度同じようにトラブルになった時にどうするかを教えることが大切である。

このように指導すると、トラブルで興奮していた子の表情がにこやかになる。

トラブルで叱るのではなく、大切なことを教えて褒めているからだ。

自分のしたことを10点満点で評価させる。
悪かったことだけを謝らせ、反省できたことを褒める。

だから、「今まで素直に謝ったことがない」と言われていた子が、素直に自分の非を認め、謝れるようになっていった。

四　何度も失敗を経験する阿波踊り、厳しい判定で失敗する暗唱テスト

阿波踊りの指導では、個別評定を中心に指導が進められる。

個別評定では、基準を明確にし、教師が合格、不合格を評定していく。阿波踊りの場合では、点数で合格・不合格を決定する。

このような方法で進めれば、当然、何度も何度も何度もやり直しが出てくる。

特別支援を必要とする子も、何度も何度も失敗する。私が担任した広汎性発達障害の麻田君も、何度も何度も不合格になった。

普段なら、失敗すると暴れることもあるA君が、この時には、暴れるどころか、何度も挑戦しようとした。同じような姿は、阿波踊り以外でも見られた。

向山実践に暗唱指導がある。その中で、暗唱テストを行う場面がある。この時に大切なことは、

厳しい上にも厳しく判定する。

ことである。

ちょっとでも詰まったり、間が空いたら不合格。だから、なかなか合格しない。

この暗唱テストでも、先ほどの麻田君は暴れることなく、「あ〜、失敗した」と楽しそうな姿を見せていた。

以前なら、考えられない姿だった。

このような姿を見せたのは、広汎性発達障害の児童だけでなく、ＡＤＨＤの児童も、反抗挑戦性障害の児童でも同じだった。

これら二つに共通することは、「何度も失敗する」ということである。しかし、失敗が失敗で終わらない。何度も何度も挑戦していくうちに、必ず合格する時がくる。つまり、「失敗をやり直して、成功した」という成功体験になるのである。この成功体験を経験することで、キレることは激減していくようになる。

3 失敗がいけないのではない

一 失敗体験はいけないのか？

では、失敗体験はいけないのかというとそうではない。

ここでいう失敗体験と、阿波踊りや暗唱テストでの失敗体験は大きく違う。

やってみればわかるが、向山実践では、多くの子が失敗をする。

特別支援を必要とする児童だけではないのである。だから、失敗しても叱責されないどころか、全く目立たない。

このことによって、教室には「失敗しても大丈夫だ」という雰囲気ができあがる。

さらに、阿波踊り、暗唱テストとも、何度でも挑戦できるシステムになっている。これが、大きい。

挑戦したことを褒めれば、「失敗しても、あきらめずに挑戦することが素晴らしい」ということが、クラスの共通認識になっていく。

そして、どちらとも、努力していれば、そのうち必ず合格するようになっている。

何度も何度も失敗した後の合格は、本当にうれしいものだ。

この時、「努力すれば報われる」という成功体験を身をもって体験することができるのである。

このような体験をした子どもたちは、他のことにも自信をもち始める。そして、行動が変容していく。

向山実践での失敗体験は、自律性を育てることにつながっていくのである。

二　暗唱テストで間違える体験をさせる

負けを受け入れない発達障害の子を担任するようになって、できるだけ早い時期に、暗唱に取り組むようになった。

今では、黄金の三日間のうちに必ず取り組んでいる。

それは、負けを受け入れない子が、ほぼ確実に「失敗」を受け入れる経験ができるからである。

「負け」を受け入れられない子へは、まず「失敗」を受け入れる経験をさせていく。そちらの方が難易度はやさしい。

テストの審査は、厳しいが上にも厳しく行われる。詰まるのはもちろん、ほんのちょっと間が空いても不合格。

だから、次のような現象が起こる。

このような状態の中でなら、不合格になってもキレないのである。ここで、一つの原則がわかる。

表情を見ていると、テストを受ける前から「失敗すること」を想定してテストを受けているのがわかることがある。

これはすごいことだ。暗唱テストだから生じる事実である。そして、その事実を取り上げ、褒めて強化する。

このように強化すると、次の挑戦でも失敗を受け入れやすくなる。

こうやって、「失敗」を少しでも受け入れやすくし、もう一段上の「負け」を受け入れる土壌を作っていくのである。

もう一歩の詰め

三　チャレランでたたみかける

暗唱テストで、「失敗」を受け入れる経験ができた。その上で、同じような体験をさせて、さらに強化していく。

暗唱テストと同じで失敗の可能性が少ないのは、ペーパーチャレランである。

ペーパーチャレランは、何度でもやり直すことができる。だから、子どもの思考は次のようになっている。

うまくいかない時には、次の紙に挑戦するようになる。これが、実は「失敗した時の望ましい行為」となっている。

それが自然に出てくるところが、ペーパーチャレランのすごさだ。

当然、それを取り上げて強化する。それが、ここでの目的なのだ。

ここでは、「失敗」をあえて取り上げ、意識していなかった失敗を意識させる。

また、黒板に貼ってある上位三人の子から落ちた時も、キレない体験をさせるチャンスである。

多くの子は、逆転された時、逆転した子の点数とともに、どんな方法を使ったのかに意識がいく。だからキレない。

このような経験の上で、五色百人一首を始めると、より負けを受け入れやすくなる。

4 正しいことを頭で理解しても、行動に移せない理由

一　高学年の子への指導に必要な意識、「教師がその子のプライドを守る」

発達障害の子は、高学年になるまでに失敗体験を多く積み重ねてきている。

今までの体験で、今年こそはがんばろう、今年の先生こそは期待できる、そんな期待を何度も何度も裏切られてきているのである。「もうダメだ」「どうせ無理だ」そんな言葉が口癖になっている子を何度も見てきた。

そういった子の特徴は、次の通りである。

1　無気力。
2　がんばること、努力をすることを避ける。
3　友達のがんばりに、ちょっかいを出す。

1は、今までの体験から「どうせやっても無理だ」という考えが強く染みついている。

2は、「がんばったけどうまくいかない」という恥をかきたくないという気持ちが強烈にあるのである。

3は、自分一人ではなく、周りをそうやって自分の方に引っ張ることで安心感を得ようとしているのである。

そのような子どもたちが、みんなの中でやる気を見せるようになるためには、次のことが必要である。

「失敗しても大丈夫」という安心感。

この安心感があるから、素直になれるのである。これは、口でいくら言ってもダメである。思春期にさしかかった高学年の児童は、プライドを非常に気にする。それが、低・中学年と大きく違うところである。そのプライドが傷つけられるようなことがあれば、すぐに殻に閉じこもってしまう。それは、小さな頃から積み重ねてきた失敗体験が大きく影響している。

「失敗しても大丈夫」という安心感をもたせるためには、「がんばってうまくいった」という成功体験が必要であり、失敗しても恥をかかない、プライドが守られるようなシステムになっていることが必要なのである。

発達障害の子への指導には、「尊敬」と「信頼」を得ることが大切だと言われる。また、高学年の子への指導は、担任教師のことを信頼させるということが大事なポインだと言われる。

この二つを満たすためには、「教師がその子のプライドを守る」という強い意識が必要である。これは、言葉で言うほど簡単ではない。プライドを守ることを保障するためには、クラスのシステム自体が、失敗体験をさせないような仕組みになっている必要がある。

二　失敗体験をなくす「クラスのシステム」を作る

「失敗しても大丈夫」という安心感をもたせるためには、成功体験を繰り返すこと、失敗体験をなくすこと、それしか方法はない。

最低限必要なクラスのシステムは、次の三つ。

1　トラブルの指導
2　忘れ物をどうするか
3　当番活動

1のトラブルを解決できるようになれば、生活は安定する。これは向山式喧嘩両成敗で行う。解決できるという見通しがもてれば、素直に反省できるようになるし、周りの友達からも受け入れられるようになる。これは、四月最初の時期のトラブルで、うまく解決できたという成功体験を積ませたい。

2の忘れ物は、なかなか直らない。ここで大切なことは、「教師に忘れたものを借りにくる態度を育てたい」ということである。借りにくるというのはやる気のある証拠であるし、この先の人生でもそのような行動ができるかどうかというのは大切になってくる。

これを、説教しているようでは絶対に指導は成功しない。その説教の一つ一つが失敗体験をさせていることを忘れてはいけない。借りにくる時、返しにくる時には、「貸してください」「ありがとうございました」などという言葉をきちんと言わせる。それ自体が、すでに成功体験になっている。

3の当番活動は、非常にトラブルが発生しやすいところである。これは、グループで行わせるのは危険性が高い。しなくてはならないことだけに、どうしてもトラブルになったり、また教師が注意しなくてはいけなくなったりすることが増えてくる。

これは、一人一役で行う。つまり、窓あけ当番、黒板消し当番といったように、一人に一つずつ仕事を任せるのである。これならば、その子がやっていなくても周りから文句が出ることがない。どうしてもできなければ、教師が一緒にやってあげればいいのである。

中には、高学年になってもぞうきんの拭き方がわからない子もいる。そういった子には教師がやり方を教え、できたら褒める、ということなしにはできるようにならない。

この一人一役の当番は、クラスの当番活動だけでなく、掃除、給食なども同じようなシステムになっていることが望ましい。このシステムにするだけでトラブルは激変し、子どもの生活が安定する。

もう一歩の詰め

三　失敗してもやり直すのがいい、という価値観を教師が創る

成功体験を作り、クラスのシステムを作った。これ以外にもう一つ大切なことがある。

それは、クラスの価値観を教師が創っていくということである。


人間は誰でも失敗する。だから、失敗した時にどうするかが大切。「もうダメだ」と思うのか、「そこから直そう」と思うのかで、天と地ほど違う。失敗するのは構わない。一番いけないのは、何もしないことだ。


私はこのような価値観をクラスの中に創っていく。

この価値観を創るには、口でいくら言ってもダメである。実際に、その行為を取り上げ、全体の中で賞賛していく。これを何度も続けることである。

成功体験・システム・価値観が揃って初めて、高学年への指導は成功する。

四　クラスのルールを破って命令する

かつて担任した子に、片山君という男の子がいた。片山君はとにかく、すぐにキレる。注意しても、イライラして聞く耳をもたない。

イライラすると、友達にも暴力をふるう。さらに、自分が悪いことをしても、謝ることができなかった。

そんな片山君がある日、友達の山田君に命令を出した。内容は、「運動場の場所をとっておけ」というものだった。

自分は給食当番の片づけがあるので、場所取りには遅れるから、友達に命令したのである。

言われたその子は、クラスのルールである机運びもせずに、運動場に飛び出した。

さて、読者のみなさんなら、こういう時、どのように対処するだろうか。

五　最初にどちらを指導するか

どちらを指導すればいいのか。

まず、命令した片山君を呼んで注意するという方法がある。しかし、片山君はたぶん素直には聞かないだろ

運動場の場所
とっておいて!!
え～
机運びをしなきゃ
いけないのに…

「運動場の場所をとっておけ！」
友達にそう命令した子どもをどう指導する？

う。すぐに反抗する子である。二次障害の可能性が高い。

注意しても聞こうとしない。きつく叱れば、キレて暴れるだろう。その状態では何も学習したことにはならない。

次に、両方を呼ぶという方法もある。しかし、これも問題である。

片山君の前で、「命令されたこと」を山田君が認めないかもしれない。

ここでは、事実をはっきりとさせておくことが大切である。私は、まず山田君を呼んで、事実を確認した。

この二つを確認した上で、大事なことなのでみんなで話をすることを伝えた。

六　全員の前でどの順番で話すか

全員の前で、まず学校のルールについて確認した。

学校にはルールがあること。そして、それを破った人は、やりたくてもそれができなくなるということを確認した。

その上で、このクラスでそのルールを破るような出来事があったことを知らせた。

子どもたちは、驚いて真剣に聞いている。

「〝ドッジボールの場所をとりたい〟という理由で、クラスのルールを破って、場所取りに行った人がいます。クラスの約束を守っていないのに、運動場で遊ぶことは、学校全体のルールを破っているのと同じことです」

子どもたちもそうだと認めた。

さらに、こう続けた。

「ルールを破ったのは山田君だけではありません。

休み時間が終わったのに遅れて帰ってくる人が七人いました。さらに遅れて入ってきているのに、お茶を飲んでいる人がいました。これがこのクラスの実態です。この問題は山田君だけの問題ですか」

子どもたちは違うと言う。自分たちの全体の問題だと言った。そこで、自分ができていないこと、直さなければいけないことを、自由に立って発表させた。

七　全員の問題にするから素直になれる

クラスの中で最初に立って発表したのは、あの片山君だった。

自分のよくないことを、自分から立ってみんなの前で発言したのだ。

そのような片山君の姿を見たのは。初めてだった。きっと、片山君だけを名指しで注意していたら、キレていただろう。

すかさず、次のように褒めた。

「自分のよくなかったことを素直に言えるのはとっても立派ですね」

こう言うと、他の子どもたちも次々と自分から立って、自分のよくないところを発表していった。

その後、悪いことは謝り、これからどうしていくのかという決意を発表することになった。片山君もみんなと同じように謝り、これから直していくことを発表した。

発表の後は、子どもたちはみな素直で明るい表情になっていた。

この事例がなぜ成功したのか？

それは、次の理由が一番だろう。

「よい方向」というのは、規範意識と同じである。子どもたちは、自分で判断させることによって素直になる。そして、素直になるからこそ、よい方向へ向かおうと考えることができる。

それは、すぐにキレてしまう反抗挑戦性障害の子の場合では、さらに顕著に表れた。

教師は、子どもたちが自分で判断し、素直になれるような場を、機会を作っていかなければならないのだと強く感じた。

自分で判断させることは、トラブル指導以外でも効果がある。

自分の最近の態度、忘れ物など生活の様子なども自分で判断させると、キレることは一度もなかった。

それどころか、素直に直そうという気持ちになることができたのである。

第2章

落ち着かない学級をみんなが快適な学級に変える方法

1 教師のちょっとした詰めで当番活動は活性化する

一　クラスの当番は、一人一役で行うとよい

クラスで必要な仕事を一人が一つずつ分担して行うシステムである。そのことで、誰が何を行うのかが明確になる。だから、さぼる子が少なくなる。

例えば、「窓閉め」の当番であれば、窓があいていれば仕事をしていないことになる。

ただ、仕事を決めたからといって、一年間安定して当番活動が進んでいくかというと、そうではない。必ずさぼる子が出てくる。それが普通である。だから、次のことが大切になってくる。

当番ができたかどうかをチェックするシステム。

これは、教師が行う場合もあるし、子どもたちで行う場合もある。ここでは、いくつかの方法を紹介していくことにする。

二　マグネットを使って仕事の進み具合をチェックする

私のクラスでは、マグネットを使って、仕事の進み具合をチェックしている。一人一人の名前と仕事を書い

たマグネットを、ホワイトボードに貼っておく。ホワイトボードは二つ用意しておく。

担当の仕事が終わったら、もう一つのホワイトボードに自分のマグネットを移動するのである。

仕事が終わった方には、赤い棒磁石をつけておく。そうすると、誰が仕事が終わっていて、誰が仕事をしていないのかが、一目瞭然になる。

私は、黄色のマグネットを使うことが多い。黄色はよく目立つので、マグネットの数が少なくなってくると、とても目立つようになる。

赤色の棒磁石は、帰る時に担当の子が、もう一つのホワイトボードに移動させる。次の日は、反対側にマグネットを動かすことになる。

このチェックシステムを行えば、当番の仕事が安定するようになる。

三　子ども同士でチェックの詰めを行う

マグネットを動かすシステムを使うことで、当番活動は安定する。

ただ、時には、当番をすることやマグネットを動かすことを忘れたまま帰ってしまう子がいる。

このようなことが続けば、システムは機能しなくなってくる。だから、次のチェックシステムが必要となる。

仕事をしているかチェックする役を決める。

例えば、日直がこのチェックを担当する。そして、仕事が終わらないと帰ることができないというふうにする。もし、担当の子が帰ってしまえば、その仕事は日直が代わりに行うのである。

そうすれば、帰りの時間が近づくと、当番の仕事をしているかどうかを日直が調べるようになる。そして、まだやっていない子に催促するようになる。

これを教師が行うと、注意ばかりしなくてはいけなくなる。逆に、子どもたちに任せることで、例えば出張で教師不在の時でも、システムはちゃんと機能するようになる。

この担当が機能すれば、システムは一年間安定する。

担当は日直でもいいし、仕事をチェックする当番を作ってもよい。

クラスの人数が多く、一人一役の仕事の種類を作るのが大変な時など、筆者はこのチェックする当番を作っている。

四　時には教師がもう一歩の詰めを行う

このようなシステムができていれば、通常の場合、困ることはない。

しかし、時々は、教師自身のチェックも必要である。

もう一歩の詰め

中には、仕事をしていないのに、マグネットだけを動かしている子もいる。そこで、次のように言う。

当番の仕事ができているか見て回ります。心配な人は、確認していらっしゃい。


これで、さぼっていた子も必死で自分の仕事を行うようになる。

このような詰めも、時には必要である。

五　システムでもう一歩の詰めを行う

日直にチェックの仕事をさせない場合、私は「おたすけ当番」というのを作っている。

「当番の仕事をやっているかを確認する」当番。


その子は、帰る前に、全員の仕事ができているかどうかを確認する。

もし、やっていない子がいたら、おたすけ当番がやっていない仕事を全部することになる。

このようなシステムにしておけば、その子がだんだんと前もって、仕事の進行状況を確認するようになる。

例えば、「仕事をしていない人はしてください」などと、給食時間に伝えるようになる。

それでも仕事をしない子がいると、個人的に「もう仕事をした？」と、聞いて回るようになる。

このようなチェックシステムがあれば、さぼる子がぐんと減る。

そして、教師が出張で不在の時でも安心である。

六　係活動と当番活動は違う

係活動と当番活動とは区別して考える必要がある。当番活動とは、掃除当番や給食当番など、絶対にクラスになくてはならない活動である。だから、例えば「配り」「健康観察」「黒板消し」などは当番活動である。

一方、係活動は、クラスの文化を創造するような活動である。だから、「新聞」「クイズ」「お楽しみ」などは、係活動である。

これらを区別すると、それぞれで対応が大きく変わってくる。

当番活動なら、一人に一つの仕事を与える。

そして、誰が仕事をして、誰がしていないのかを目に見える形でチェックする。

前述のように、私はマグネットに名前と仕事を書かせることが多い。

仕事をしたら、マグネットを所定の場所に動かすようにする。帰りの時間までにやっていなければ、残ってやらせるようにする。

そのような目に見える形でのチェックが必要である。

七　係活動に三つの保障があるか

係活動をさせるためには、次の三つのことが必要である。

①活動の時間を保障する。
②活動の場所を保障する。
③活動の物を保障する。

まず、②「場所」、③「物」は事前に用意しておくのは当然だ。

「場所」は、活動する場所だけではない。「新聞係」があるなら、新聞を掲示する場所が確保されているか。

それも場所である。

「物」は、画用紙、マジック、紙などの準備である。

「この場所にあるものは、先生に許可を得れば自由に使ってよい」ということが、子どもにわかっていなければならない。

もっとも難しいのが、「時間」の保障である。

充分な活動時間がなければ、子どもは取り組まない。

いくら楽しい活動だからといっても、休み時間の方が楽しいに決まっている。特に特別支援を要する子にとっては、その傾向が強い。

だから、活動時間は、公的な時間に保障するのである。

学活の時間だけでは、なかなか活動時間が保障できない。

学習が早く終わった隙間時間などを、係活動の時間にあてる。これなら、どの子も喜んで取り組むだろう。

八　時間の与え方にも一工夫

授業の終わりの時間を係活動にあてていたとしても、取り組まない子がいるかもしれない。

それは、教師の提示の仕方が悪いのである。

例えば、算数の時間があと一〇分残っている。教科書の内容は終えた。復習としての計算スキルも終えた。

その時に、係活動の時間を与えるとする。その時、どのように子どもたちに話をするだろうか。


残りは、係の時間にします。


私のクラスでは、これだけで子どもたちは動く。

ちなみに、私は学校で一番大変な特別支援を要する子を担当してきた。その子も取り組むのだ。

それは、最初の頃に次のような話をしているからである。

残り一〇分あります。
計算プリントをするか、係の時間にするか。どちらにしましょうか。

あるいは、

算数のプリントをしようと思っていましたが、残り一〇分間、係の時間にしていいことにします。

この「していいことにします」というのが、やる気を誘うのである。
私は、こだわりがある子など、特別支援を要する子を担任するようになって、多くの場面で活用している。効果覿面である。
また、さらにもう一歩手をうち、次のようにも言う。

遊んでいる人がいるのなら、算数プリントにします。

このような制御も必要である。

2 朝の会を安定させる、プラスαのアレンジ

一 朝の会のルールがうまくいかない理由

朝の会がうまくいかない一番の理由は、

司会の子が上手に朝の会を進行できない。

ということである。

時間がきても始められない。次に何を言うのか、わからない。そういうことがよくある。こうなると、朝からクラスの雰囲気はだれていく。

これは、朝の会のシステムに問題があるのである。司会は、日直の子が行うことにしているクラスが多い。

しかし、それではなかなかうまくいくようにはならない。

それは、経験の問題である。一か月に一回程度しか回ってこない仕事が上手になるわけがない。

そこで、私のクラスでは、朝の会の司会を固定している。毎日、同じ子が司会を進めていく。最初は、教師がやっているのを見せて、「同じようにやりなさい」と伝える。

こうすることで、教師と同じリズムでてきぱきと朝の会が進行していくことになる。

やってみればわかるが、教室の空気が全く違う。凛としたしまった空気で朝がスタートできる。

司会の仕事は、クラスの当番の中の一つの仕事にいれておくとよい。

私のクラスでは、学期ごとに当番の仕事を交代するので、一学期間ずっと同じ子が司会を進めることになる。

参観に来た教師が驚くほど、上達するようになる。

二　朝の会のメニュー／前半①～③のよさ

私の学校では、朝の時間が二〇分間ある。内訳は、朝学習が一〇分。朝の会が一〇分である。

そこで、私のクラスでは次のようなメニューで朝の時間を進めている。

①朝の挨拶。
②暗唱。
③百人一首。
④健康観察。
⑤先生の話。
⑥連絡帳を書く。
⑦配布物と提出物確認。

①～③までが、朝学習の時間。
④～⑦までが、朝の会の時間であるが、はっきりした区別はなく、トータル二〇分間で進めている。
まず、八時三〇分のチャイムと同時に全員が起立する。

そして、司会の子の号令「気をつけ、朝の挨拶をしましょう」で挨拶をする。

次は、暗唱である。子どもたちは全員、立ったままである。

暗唱当番の子は、挨拶の後、間髪容れずに暗唱を始めるようにする。

これも、タイミングを最初に教師が見せて真似させる。

当番の子は、学習した中から自分の好きな詩文を選んでそれを指定する。

■当番「春望」　■全員「春望　杜甫　国破れて山河あり」

というように進めていく。

一日に三つの詩文を暗唱することになっている。詩と詩の間も、間をあけない。テンポよく進んでいく。

これが終わると、百人一首である。

子どもたちは、自分の試合をする場所に移動し、札を並べて練習を開始する。

これがとてもいい。なぜか。


教師がいなくても、トラブルが起こらない。


何をするかがはっきりしているので、ふざけたりすることがない。

教師は朝遅れることもあるだろう。そういう時でも、子どもたちだけで、③の準備・練習までは進められる。

しかも、この後の試合で勝ちたい子どもたちは一生懸命練習して待っている。だから、いつもトラブルがなく過ごすことができるのである。

三　朝の会で連絡帳を書くよさ

百人一首が終わって、席に着く。その時もシステムを作っている。

「調子の悪い子は立ってまっている」

というルールにしている。

そうすると、誰が調子が悪いのかがすぐにわかる。それを健康観察の当番の子が記入するようにしている。

その後は、教師の話。簡単に一日のことを連絡する。そして、連絡帳を書く。

朝の会で連絡帳を書くと、よいことがある。

手紙が確実に届く。

低学年や発達障害の児童は、これらを忘れることが多い。しかし、朝の時間に連絡帳を書くことで、忘れることがなくなった。さらに、配布物もこの時間に配ってしまえば、連絡袋にその場で入れてしまえばいい。大事なものがなくなることもなく、一石二鳥である。

朝の会は、このように進めている。メニューをよく見てもらいたい。「立つ」「座る」といった子どもたちの動きにも必然性がある。だから、子どもたちの動きは自然になる。

そして、テンポがよいのでどの子も集中できる。快適なスタートとなる。

3 どの子も安心の給食指導で成功体験を積ませる

一　無理矢理食べさせるのは、給食指導ではない

「給食を残させないようにする」のが、給食指導だと思っている人が多いようだ。

中には、嫌いなものでも無理矢理食べさせるという人もいるようだ。これらは、絶対にやってはいけないことである。下手をすると、人権侵害にもなりかねない。

アレルギーの問題もあるし、宗教上の問題もある。また、その日の体調も問題になってくる。

好き嫌いがなくなるのはよいことだ。だが、だからといって無理矢理食べさせるのは、学校でやるべきことではない。

しかし、何もしないというわけではない。野菜の大切さや、バランスよく食べる大切さなどを教えることは、大切なことだ。

「嫌いなものでも、ちょっとぐらいは食べてみようね」と勧める程度にとどめておくのがよいだろう。

二　給食指導は大きく三つ

給食指導は、大きく三つに分かれる。

1　準備指導。
2　食事指導。
3　後片づけ。

準備指導のポイントは、「時間」だ。

素早く準備すれば、食べる時間が充分確保できる。

準備には、二つの内容がある。

一つは、給食当番が出発するまでの準備。

もう一つは、配膳だ。

①三分以内に出発する

給食当番が出発するまでの時間は、通常、チャイムがなってから三分以内である。

これは、着替えるのを早くさせることが一番のポイントだ。当番袋をどこに置くかで大きく変わってくる。

私は、廊下や教室の前方に置かせる。着替える場所と並ぶ場所が近い方がいいからだ。これを教室の後ろなどで着替えさせると、おしゃべりなどでどうしても遅くなってしまう。

②配膳を早くするポイント

配膳でもっとも大切なのは、汁物は教師がつぎ分けるということだ。

汁物は、つぎ分けるのに一番時間がかかる。また、量の調節が難しいので、トラブルの原因にもなる。

教師がつぎ分ければ、配膳は早くなる。

もう一つのポイントは、お汁やパンなどの置く場所を教師が指定しておくことだ。どうすれば配膳がスムーズになるのか、最初に示しておくといいのだ。

このように行うことで、低学年でも準備時間は約一五分で全て完了となる。

三　給食は、公の場であることを教える「食事指導」

最初に述べたように、嫌いなものを無理に食べさせることが給食指導ではない。

大切なことは、「給食時間は公的な時間」というのを教えることだ。だから、大声を出したり歩き回ったり、そういうことは許されないことを話す。

食べ終わったら、どうするのかも決めておかないといけない。そうしないと、子どもたちはすぐに騒ぎだし、教室は騒乱状態になる。

連絡帳を書くとか、読書をするなどの約束を決めておけば、静かに給食時間を過ごすことができる。内容は何でも構わないが、「自分の席で一人でできること」にする。そうすれば、騒がしくなることはない。

四　片づけは丁寧な上にも丁寧に

片づけは、指導しないとできるようにならない。放っておくと、子どもたちは食器やおぼんなどを、かごに投げいれて返却している。また、食器に食べかすがついたまま片づけたり、箸の向きが逆になっていたりする。

これは、教師が指導しなければならないことなのだ。指導の仕方は、簡単だ。


返却の場所に、教師が立つようにする。

教師は子どもたちよりも早く食べ、返却の場所に立って、チェックするのだ。

さらに、できていない児童への指導が必要だ。

もう一歩の詰め

できていなかったら、何度でもやり直しをさせる。「食べかすがついています。やり直し」と周りに聞こえるように言います。それを聞いた他の子は、慌てて食べかすを片づけるようになる。

私は、六年生でも最初のうちは、毎日返却の場所に立ち、指導をしている。そういう教師の根気なくして、片づけの指導はできないのだ。

五　子どもたちの給食を確保する

給食をひっくり返してしまった時、もっとも大切なことは、

子どもたちの給食を確保する。

ということである。

他のクラスにすぐ応援を頼む。これは、スピードが命となる。

①同じ学年や同じ階の教室に、給食が全部こぼれてしまったこと。余った給食を分けてほしいことを告げる。

給食の片づけの指導は、食器返却場所に教師が立って行う。

近い教室なら、すぐに知らせることができる。これで、最低限の量を確保する。

②全校放送を入れてもらう。

①の後、すぐに全校放送を入れてもらうよう要請する。教室にインターホンがあれば、それで連絡する。なければ、直接伝える。ここで大切なことは、

①できるだけ早く伝えること。
②「全部」こぼれたことを伝えること。

他のクラスが配膳する前に放送できれば、どのクラスも配慮して配膳してくれるだろう。

また、「何がどれだけ足りないのか」ということを明確に伝えることが大切だ。

「給食がこぼれた」というだけでは、お汁だけなのか、フルーツもなのかがわからない。

また、お汁がこぼれたのだとしたら、「全部」こぼれたのか、「半分」こぼれたのかという量も、伝える時には大切だ。

できるだけ早く具体的に伝えることで、子どもたちの給食を確保するのである。

六　教育の場として生かす

給食が全部こぼれたとしても慌てる必要はない。三〇人学級ならば、三〇人の給食を確保すればいいのだ。

それは、そんなに大変なことではない。

一クラスから二人分ずつもらったとして、一五学級あれば事足りる。実際には、職員室や給食室などに、多少の余裕はあるものだ。だから、少ない学級の学校でも何とかなる。

大事なことは教師が慌てないことだ。

他のクラスや職員室へ応援を頼むと同時に、片づけを指示する。一つ一つ確実に処理していくのだ。

ここで教師が慌てていると、二次的な事故やケガにつながっていく。

こういう時こそ、慌てず確実に処理していくのだという姿を子どもに見せることも大事な教育の場となる。

また、全員分の給食が確保できたら、そのこともできるだけ早く伝える。他の先生やクラスが、自分たちのために動いてくれているのだ。

ここで終わってしまってはもったいない。

もう一歩の詰め

そして、全校に放送で感謝を伝えることも忘れてはいけない。

「みなさんの協力のおかげで給食が用意できました。ありがとうございました」

「何かしてもらったらお礼を伝える」ということを教師が示すのである。

七　給食が原因で不登校になる

食べ物に過敏な子にとって、給食の時間は、恐怖以外の何ものでもない。

実際に、私が担当したある子は、朝、学校に来ると、次のように話していた。

「今日は、『シチュー』があるから、気分が悪い」

朝、学校に来た時から本当に気分が悪いのだ。そして、それは給食時間が近づくにつれて、エスカレートしていく。

私は給食を無理矢理食べさせるような指導はしない。残しても注意しない。そのことを当然、この子も知っている。

それでも、安心しないのだ。

なぜか。それは、今までに無理矢理、給食を食べさせられた体験がトラウマとして残っているからだ。このトラウマは、ちょっとやそっとでは消えない。

私が今まで接した中で、給食が理由で不登校傾向になっていた子が何人もいる。その全てが、給食を無理矢理食べさせられる指導が原因だった。

八　他の人と感じ方が違う

発達障害をもつ小学六年生の龍馬君が、夏休みの宿題で自分の体験を五〇ページ程のレポートにまとめている（『発達障がい児 本人の訴え』東京教育技術研究所発行）。

給食の恐怖について、龍馬君は、次のように訴える。

食べ物の味や舌触りなど他の人が感じないことを感じてしまう。

「感じてしまう」のだから、龍馬君にはどうしようもない。

この龍馬君の訴えは、決して珍しいものではない。

例えば、カレーライスが食べられない子がいた。カレーとライスを分けて食べるとおいしく感じるのに、混ぜると味が変化してしまうために、一切食べられなくなるのだ。

このように、味が混ざるとダメだという子は、結構いる。

他の人と感じ方が違うのだから、これは仕方がないことなのだ。がんばることとは種類が違う。

給食はみんな残さず食べなさいと言っている教師が、「みんなちがって、みんないい」と言っているのだから理解に苦しむ。

九　通常学級でなぜダメなのか

特別支援学級に在籍する子は、食のこだわりがある子が多い。

その場合、その子に「無理矢理食べさせる」ような指導はあまり見ない。

しかし、通常学級に在籍している発達障害の子にはどうだろうか。この場合、かなり厳しく指導している場面をよく見る。

特別支援学級に在籍していようが、通常学級に在籍していようが、基本的に障害の特性という点では同じである。それなのに、なぜこのような事態が生じるのか。それは全て、教師の理解と意識の問題なのである。

もし、この子が支援学級に転籍したのなら、先ほどの教師は、もう無理矢理食べろとは言わないはずである。

このような矛盾は結構多い。

十　「残しても○《マル》！」が効果を生む

学級に、毎年一人ぐらいは、牛乳が飲めない子がいる。しかし、その多くの子が少しずつ飲めるようになっていく。

私は、「飲みなさい」とか、「飲めるようになろう」などの指導は一切しない。

それどころか、私は「飲まなくて構わない」と言う。そして、「飲んだ方がいいと思ったら、体調のよい時に、ちょっぴり飲む努力をしてみたら」と話す。それでも、飲めるようになっていく子が多い。不安のない状態を創る方が、効果が大きいのである。

以上のような指導、システムに、もう一手を加えることで、教師が何も言わなくても、準備から片づけまでができるようになった。

もう一歩の詰め

それは、

ちゃんとできていなければ、もう一週間当番を続ける。

というものである。

私のクラスでは、給食当番は一週間交替だったが、準備が遅れたり、片づけの時、下に食べかすが落ちていたりしたら、もう一週間続けて当番をしてもらった。

このシステムがあるおかげで、子どもたち同士でチェック・助け合いができるようになった。

4 遠足や社会科見学でも応用ができる教室清掃のシステム

一 怒鳴るのは教師が悪い

以前は、怒鳴ってばかりだった掃除の時間。しかし、怒鳴っても、効果があるのはその時だけである。教師がいなくなると、騒乱状態はさらに増す一方。

いろんな方法を試してみた。子どもと一緒に掃除をした。がんばっている子を褒めまくった。役割分担を細分化した。それでもうまくいかなかった。

それが、方法を変えただけで、どの子も本気で取り組むようになった。怒鳴らなくても指導はできるのである。

二 役割を細分化する

掃除を一生懸命にやらないのは、まず、自分がどの場所をどこまでやるのかが明確になっていないからである。そこで、まず、掃除の場所を細分化する。誰がどこをどのようにするのかを示す。低学年や中学年の掃除場所は、ほとんどが教室とその周りである。

一つの掃除場所に、たくさんの人数がいると、どうしてもさぼる子が出てくる。そうならないために、私は、次のようにしている。

教室の中をさらに細かく区切り、それぞれの場所の分担を決める。

まずは、教室を四つにわける。A〜Dのようにして、それぞれの場所を確定する。

A〜Cは、「ほうき一人」「ぞうきん二人」「机はこび一人」の四人とする。Dは、机がないので三人。「ほうき一人」「ぞうきん二人」とすればいい。これで、教室掃除が一五人となる。自分の担当する場所を明確にする。

これを「四人で教室をする」とだけ決めているから、子どもが動かないのである。

何をどこまですればいいかわかるから、やる気になる。

ここで大切なことは、エリアを分けたら、自分の場所だけを掃除するということである。限定するからこそ、子どもたちはがんばって取り組もうとするのである。

教室掃除は、教室を４つに区切って分担を決めよう。

三　さらに担当を作る

クラスの人数が多いと、これでも、子どもたちの掃除場所が足らない。

そういう時には、他にも分担を作ればいい。

まずは、「黒板」。前と後で合計二人。

次に、教室の壁を四人に分担させる。前・後・廊下側・ベランダ側というように割り当てる。それぞれの壁際にあるものは、基本的に全てその子が担当する。

例えば、ロッカーがあれば、その担当がきれいにする。たななども同じ。

さらに、「学級文庫担当」一人。「窓のさん担当」二人を作る。

窓のさんは、通常はなかなか掃除ができないところである。人数が多ければ、こういうところにも担当がおける。いつもきれいな状態で、大助かりである。

このように分担を細分化することで、大人数でもやることがはっきりし、さぼる子もいなくなる。

細分化することで、教室の中だけで二四人を割り振ることができた。

他の、「廊下」や「階段」「靴箱」「流し」なども同じように細分化するといい。

例えば、流しなどは、右と左の二つに分けて、「どっちがきれいになるか毎日競争ですよ」と言っている。

おかげで、排水溝のところまで、いつもぴかぴかの状態である。

やり方次第で、大人数でも遊ぶ子はいなくなり、子どもたちは熱中して取り組むようになる。

四　教師がチェックするシステムを作る

最初は、できた人は、教師を呼びにくることにする。

教師は、一番手を抜きそうなところをチェックする。

教室なら、隅のところ。ここができていれば、他のところはできているはずである。

合格すれば、残りの時間は何をしてもいいことにする。遊んでもいいし、宿題をしていてもいい。

がんばればいいことがあるから、子どもたちはがんばろうとする。逆に、やっていなければ、残ってやってもらう。

がんばった人が得をするシステムを教室に作るのである。

五　やり方を伝達するシステムを作る

掃除場所は一か月程度は固定する。そのことで、掃除の技能があがり、時間も早くなる。

問題は、掃除場所が変わる時である。場所が変われば、掃除の仕方も変わる。教室とトイレでは、やり方も当然変わってくる。

そのたびに教えに行っていたらきりがない。そのようなことでは掃除のやり方は徹底しない。

そこで、次のようにシステムを作る。

もう一歩の詰め

前の掃除の人間が一名指導に行くようにする。


これを「助っ人」システムと呼んでいる。

前の掃除の担当が、「これでは、先生に合格はもらえない。こういうところを掃除していないと合格しないよ」と、新しいメンバーに指導するわけである。

教える方も習う方も一生懸命である。

これで、伝達は完璧！


今まで一番さぼっていたやんちゃな子が、助っ人になって一番本気で取り組んでいる。

六　とにかく褒める

教師は、掃除場所を見て回る。

みんな本気で取り組んでいると、褒めることが声かけの中心になってくる。

「○○君、こんなところまでやってるなんて、すごいなあ」「○○さん、もう始めてるの。さすがだなあ」

いくらでも褒める材料がある。

時には、連絡帳にも書くとよい。

「○○さんと掃除をしていると、とってもいい気分になります。みんなが気づかないようなところまで、きれいにしようとしてくれています」

「○○さんのがんばっている姿を見るとうれしくなります。お家でも褒めてあげてください」

褒めると、子どもたちは、ますますやる気になる。

七　宿泊研修での出来事

掃除の方法を変えて、学校中で一番早く、一番きれいに掃除ができるようになった。

この方法は、宿泊学習でも効果的である。

工作で使った部屋を全員で掃除することになった。

そこで、三三人を三人ずつ一一のグループに分けた。

床を四等分し、それぞれの場所を指定した。この子たちは、さらに自分たちで場所を決め、そこを徹底的に磨いていた。

残りのグループは、流し、「窓」や「さん」に分けた。

流しのグループは、排水溝から下側や裏側の見えないところまで磨きまくっていた。

窓のグループは、この一〇年ぐらい掃除していないような窓の溝を新品同然に磨き上げた。

子どもたちの掃除の取り組みに、施設の職員は驚き、何度も何度もお礼を言われた。

教師は場所を細分化し、やることを示し、褒めただけである。システム次第で、子どもたちはここまで変化する。

八　掃除の指示にふざける子

給食後、短縮で早めに下校する時がある。このような時に、子どもたちはいい加減になりやすい。そんな時に、どのように指導するかが、教室にルールを確立できるかどうかの分かれ目である。

給食当番が食器返却に行く間、教室に残る子に指示を出した。

「女子は廊下、男子は教室をきれいにします。ほうきは使わず、手でゴミを取ります。ゴミが残っていたら、帰れません、居残りでやってもらいます」

最後の一文は布石である。

食器を返却後、教室に帰ってくると、二人組の男の子がやってきた。

「先生、田村君と小嶋君がずっと遊んで、掃除をしていません」

予想していたこと。これを感情的に叱っても何も変わらない。

「はい、わかりました」と返事をして、全員を席に着かせた。


掃除していた人、立ちなさい。みなさんの掃除は、10点満点で何点ぐらいの出来ですか？

小野先生が一生懸命やるぐらいが10点。一年生の子がふざけながらやるのが0点。点数を言ってご覧なさい。

そう言うと、子どもたちの顔が豹変した。3点、1点などの発言が続く。田村君は、3点。田村君を言いつけに来た子は5点だった。そんなものだ。

全員を座らせて、こう言った。


あなたたちは、掃除を一生懸命しなかった。それがどういう意味かわかりますか?

それは、先生との約束を破ったということです。しかも、よくないのが、わかっていてやったということです。

そんなことが続くのなら、先生もみなさんとの約束を守るつもりはありません。

休み時間をなくすかもしれないし、プールの時間を「やめた」となくすかもしれません。それでいいということですね。


声のトーンを落として、淡々と話した。子どもたちは、真っ青な顔をしていた。

九　よくない時はやり直す

あと、三分時間をあげます。

自分の失敗を取り返しなさい。

自分の点を10点満点にします。はじめ。

そう言うと、どの子も必死でゴミを集めていた。

一番ゴミを拾ったのは、先ほど遊んでいた田村君だった。やり直したことを取り上げて、大いに褒めた。田村君は、顔をくしゃくしゃにして喜んでいた。

よくないことをした時が大事。悪いと思ったら、素直にやり直す。

その思考様式、行動様式を入れていく。そうやって、教室内の文化を創っていく。

給食当番だった子たちにも、

「みんながんばっているから、一分間だけ手伝ってあげよう」

と伝えた。あっという間に、教室がきれいになった。

もう一歩の詰め

最後は、帰りの用意と机の整頓が早い列から、さようならをした。どの子もてきぱきと動き、挨拶の声も元気で大きくなった。最後は成功体験で終わらせる。これが大切。

このようなアドバルーン一つ一つが、全体への指導のよい機会になるのだ。

5 掃除を真面目にやらない子どもへの指導方法

一　掃除を面倒がる子

こだわりがあるＡＳＤの子。こだわりがよい方に出ると、すごく隅々まで掃除をする。

しかし、こだわりがよくない方に出ると、面倒くさいとやらなくなる。気候が暑くなり、だんだんそういう傾向が見られるようになった。

ある日、いつもの半分くらいで、外のテラスのはき掃除を終えて教室に入ってきた。これを許すと、明日からさらに取り組まなくなっていく。

そこで、次のように声かけをした。

「下駄箱もほうきではいておいて」

そう言うと、わりと素直に外に出て行った。しかし、これもあっという間に終えて中に入ってきた。

外は風が強かったので、下駄箱には砂がたまっている。そんなにすぐにきれいになるはずがない。

さっさと適当にはいて戻ってきたのだ。

さあ、これをどうするか？

二　対応をできるだけ考える

「ちゃんとやりなさい」ではこの子には伝わらない。余計やらなくなるだろう。そこで、できるだけ多くの対応をその場で考えた。

①注意する。

これをすると、たぶん気になって月曜日は休むだろう。

②チェックに行く。

否定されると、結局取り組まなくなるだろう。

③放っておく。

もう、二度と丁寧には取り組まないだろう。

④他の子にやらせる。

これも②と同じだろう。

⑤教師がだまってやる。

これでもいいが、この子はすることがなく、一人だけ掃除時間に好きなことをするようになるだろう。

⑥他の場所をさせる。

これもこだわりがあるので、これ以上は難しい。

⑦他の子に手伝わせる。

これはやるだろう。しかし、この今日の掃除場所は、次回からずっと適当にやるだろう。

⑧全員を集めて、それぞれの掃除場所を確認していく。

これも結局否定になり素直にやらないだろう。

⑨全員で下駄箱をやる。

これはこれでいいが、次から一人ではやらないだろう。

⑩教師が一緒にやる。下駄箱をもう一度掃除する。

これなら、しぶしぶやるだろう。しかし、結果的に「できていなかった」という否定で終わってしまう。

このように考えてみると、いろいろな選択肢があるものだ。

三　「一緒にやる＋α」の対応

私は、⑩の「一緒にやる」を選択した。しかし、一緒にやるといっても、否定で終わらないようにしなくてはならない。

私がとった方法はこうだった。

①下駄箱の縦一列をほうきではく（その子と私がそれぞれ）。
②はき終わったところで、場所を交替。相手の「はきのこし」をどれだけとれるかやってみる。

この後どうなったか。

最初の自分の一列はなんとなくはいていた。しかし、相手の「はきのこし」になると、そこまでやらなくてもというぐらい、徹底してきれいにしていたのだ。

子「先生のところ、こんなにあったよ」
私「そんなにあった？　ありがとう」

こんなやりとりで、楽しんで取り組んだ。もちろん、その子が「はきのこし」をとれるように、私は一回目はあえて、はきのこしを作っておいた。続いての二列目は、最初から必死にその子は掃除をしていた。

二人で、「すごい汚れだったなあ。やりすぎぐらいがんばったなあ」と笑いあった。

周りの子も掃除をした後の砂の量に驚いていた。その子は、とても満足そうだった。

しかし、あまりやらせすぎると続かない。そこで、もう一歩の詰めが必要である。

もう一歩の詰め

最後に次のように話した。

「下駄箱は大変だから、一日一列ずつぐらいにしておこうね」

そう言うと、満足そうに頷いた。


次の日から、掃除の姿が変わった。

四　掃除時間はトラブルになりやすい

掃除時間は、トラブルになりやすい。その原因の多くは、次のことである。

掃除をしないことを、周りの子が許さない。

衝動性が強い子にとって、掃除時間に、掃除だけに集中することは、極めて困難なことである。

どちらかというとあまり面白くない掃除よりも、何か周りで興味をひくものがあれば、そちらに注意が集中してしまうのは当たり前だ。

しかし、周りの子どもたちにとっては、このことは当たり前ではない。彼らにとっては、次のように感じる。


掃除をしないこと=悪いこと、ひどいこと。


だから、「みんながんばっている時に、一人だけさぼるのは許せない」となる。

こうして、正義の名の下に、その子への非難が始まる。

この「正義」というのが問題である。正しいことを言っているだけに、周りの子が引こうとはしないからである。そして、ここからトラブルへと発展していく。

これが、よくあるパターンである。

五　掃除は、一人一役で行う

こうならないための有効な方法は、掃除を一人一役で行うことである。一人一人が、それぞれの仕事を担当し、与えられた自分の仕事を行うのである。

こうなると、トラブルはほとんどなくなる。なぜなら、その子がさぼっていても、周りの子に被害が及ばないからである。

だから、正義を振りかざして文句を言う必要はなくなる。

同じように、廊下でもトイレでも、エリアや仕事内容を分けて行うのがよい。

何も、掃除はグループで行うという決まりはない。

中には、「協力の大切さを学ばせたい」という意見もあるが、それは自分の分担がきちんと行えるようになってから、次の段階で学ぶべきことである。

このあたりを混同すると、掃除が原因で、その子と周りの子との関係を壊すことにもなりかねない。

そのぐらい、掃除時間のトラブルは大変なのである。

六　教師がついて褒めて教える

できれば、一人の責任で行える掃除場所を任せたい。そして、そばについて具体的な掃除の仕方を教えるようにする。

どうすれば上手にできるのか、掃除のやり方を案外知らないことが多い。だから、一緒に掃除をしながら、やり方を教えるのである。

そして、その上で、できたらしっかり褒めるようにする。

慣れてくれば、その子に掃除を任せて、教師はチェックを行うようにする。ここで大切なのは、このチェックは、監視するのではないということである。

チェックは、褒めるために行うのである。

「ここはきれいにできたね」とか、「昨日より取りかかりが早かったね」というように、よいところを取り上げて褒めるようにする。そのことで、身につけさせたい行動様式を教え込んでいくのである。

もし、できなければ、教師が一緒に掃除をすればよい。そうすれば、トラブルになることはない。

七　教室掃除になったらどうするか？

一人一役で行えば、エリアや仕事内容を細分化できる場合は、トラブルはなくなる。しかし、教室掃除の場合は、完全な一人一役は難しい。そこで、次のようにする。

①仕事内容を決める（机はこび、ほうき、ぞうきん等）。

こうすれば、やることが明確になるので、トラブルが起こりにくい。ここまでは前述の通りだが（57ページ参照）、ただし、これだけでは不十分である。

もう一歩の詰め

②教師は、教室にいて、その子のサポートをする。例えば、その子と一緒のエリアを掃除したり、近くにいて、トラブルが起きそうな時に事前にサポートに入る。

このような教師の配慮が必要となる。

第3章

黄金の三日間の過ごし方、もう一歩の詰め

1 周りの子どもとその子自身のレッテルをはがす

一 黄金の三日間で二つのレッテルを外す

高学年になって友達とのトラブルが多いというのは、当然、今までにもトラブルが絶えなかった子である。
これは、次のことを意味する。

①周りの子が、「どうせあの子は」というレッテルを貼っている。

この意識を変えないといけない。さらに、このことは、次のことも意味する。

②自分自身も、「どうせ俺は嫌われている」という自分自身へのレッテルを貼っている。

ある教師が、ＡＤＨＤの反抗挑戦性障害の子に次のように注意した。

そんなことをしていると、将来、誰からも相手にされなくなるぞ。

その子は、「俺はどうせ嫌われてるんだ。みんなそういうふうに思ってるんだ」とキレた。

この「どうせ」という言葉は根深い。この状態をなくすことが、教師の仕事である。そして、黄金の三日間なら、誰でもなくすことは可能である。

まず、次のように話す。


新しい学年になりました。こういった節目は、今までの自分をもっとよい方向に変えることのできるチャンスなのです。みんな、今までによくないことがあったかもしれません。

過去のことは変えられません。しかし、未来は変えられます。

学年の最初に、新しい目標を立てて、今までの自分のよくなかった部分とは、今日でさようならをしましょう。そして、今日から新しいスタートです。

「今までは○○だったけど、今年は○○できるようになりたいです」というように発表してもらいます。


このように話し、考えさせる。そして、最初に発表した子の内容を取り上げて褒める。

こうやって自分で反省し、言葉にして発表できる人は、必ず成長します。


これで他の子も、トラブルの多い子も発表がしやすくなる。

トラブルの多い子が、例えば「喧嘩をしないようにしたい」と発表したとする。その時には、次のように取り上げて褒める。

岡本君は、「喧嘩をしない」と言いました。しかし、人間だから失敗してしまうことは当然あるでしょう。大事なのは、「喧嘩をしないようにしたい」という気持ちなのです。そして、それを言葉にして発表したことなのです。

このように言うことで、トラブルが起こった時の布石をうっておく。

そうでなければ、「あの時、喧嘩しないと言ってたのに、また岡本君は嘘をついている」という新たなレッテルが貼られてしまう。このような場をもつことで、過去を忘れさせ、二つのレッテルを外すのである。

二　価値観を教える「失敗した後が大切」

トラブルは、起こるのが当たり前である。しかも、トラブルが多い子であれば、毎日のように問題を起こすだろう。私のクラスでも、ほぼ毎日、しかも一日に何回もトラブルが起こる。それが普通だ。そこで、トラブルが起きた時のことも前もって話しておく必要がある。

まず、一つ目は次のことである。

「喧嘩をしない」ではなく、
「喧嘩をしないようにしたい」という気持が大切。

人間は誰でも失敗するということ。

人間は、失敗しながら成長していく。だから、「何度失敗しても構わない」という価値観を伝える。このことで、「また、岡本君が」という意識を植え付けないようにする。

もう一歩の詰め

さらに、もう一つのことが必要だ。

失敗した時に、どうするかが大切です。よくないことは、謝ってやり直せばいいのです。そうすることで、よくないことが今度は成長の材料になります。一番いけないのは、悪いとわかっていて反省しないことです。これは、成長しないどころかマイナスになっていきます。本当に大事なのは、失敗しないことではなく、失敗した時にどうするかということなのです。

このように話し、価値観を教えていく。

そして、最初のトラブルの時が、この価値観を定着させるチャンスである。まずは、向山式喧嘩両成敗で、解決する。その時、仲直りできたことを褒め、「次もできるよ」と励ます。

さらに、それを全体の場で取り上げ、「よくない時に反省したこと」の素晴らしさを力強く褒めるのである。

ここで初めて、学級の中に、「失敗した後が大切」という意識が植え付けられる。子どもたちのレッテルを外し、価値値を教えるのは教師だけができることである。

2 楽しく全体を統率する

一 アドバルーンをどうさばくか

毎年、学校で一番大変だと言われる発達障害の子を担任している。それだけに、毎年、学級開きや黄金の三日間には、アドバルーンの嵐である。

このアドバルーンをどうさばくかということは、その子だけの問題ではない。学級の周りの子もそれを見ている。だから、その対応の仕方が、その後の学級経営に大きな影響を与えるのだ。この節では、ある年の初日のアドバルーンと、その対応について紹介する。

二 楽しく詰める

四年生の三宅君。髪の毛は金髪。昨年は、友達に暴力をふるい、教師に反抗し、授業中に教室を抜け出すこともあったという。

初日、さっそくアドバルーンが次々とあがった。教室に入り、子どもたちの席を出席番号順に次々と告げていく。三宅君は、当然、一番前になるように仕組んでいる。

自分が前の席だとわかった三宅君は、さっそく不満の声をあげた。

> あ〜、俺が一番前だ！ なんでだ〜！

すかさず、笑顔で対応する。

そうか、その席が嫌か！　それはかわいそうだ。変えてあげよう。


そう言うと、三宅君は「うん」と頷いた。

「え～っと、空いている場所は……」と言いながら、教卓の横のスペースを指した。

「あ！　ここなら、空いてる。よし、こっちにしよう」

そう言うと、「嫌だ嫌だ、そこは嫌だ」と言う。

焦っている三宅君を横目に、さらに笑顔でもう一歩詰める。

「遠慮しなくていいよ。特別席だよ」

三宅君は、さらに拒否する。

そこで、やさしく一言。


そっちの席の方がいいの？

最初の席を指さしながら言うと、三宅君は、すかさず頷いた。

残念だなあ。先生、三宅君と近づけるからうれしかったのに。

こう言うと、三宅君はにこにこしながら、「あぶねえ、セーフ！」とおどけていた。

周りの子もそれを見て笑っている。三宅君の不満は、知らないうちに消えていた。

三　指示したことと違うことをやりたいと叫ぶ

アドバルーンは、次々とあがる。

三宅君の列の子に、図書室にある教科書を運んでもらうよう指示した。お手伝いができると三宅君は喜んだ。

しかし、残った子に、私の荷物を運んでもらうように指示したら、様子が一変した。


俺そっちが運びたい。代わっていい？（隣の子を指さして）こいつと代わる！　いい？


こうせがんできた。

ちなみに、隣の子は今まで同じクラスになったことのない知らない子。前の席を決める時よりも興奮気味。

隣の子も周りの子も様子を見ている。

さあ、どのように対応するか？

私は、すかさずこう言った。


ああ、そうか。運びたいんだ。

まずは同意したのである。運びたいという気持ちは悪いことではない。三宅君は、「うん！」と期待をこめて頷いた。

これはね、もう決めたことだから変えられないんだ。

できないという意思と、その理由を説明した。

ここで間が空くと、必ず「え〜」などという不満の声が出る。だから、ここでは、たたみかけるように次の言葉を言う必要がある。

私は、間をあけず、強い口調でこう言った。

でも、うれしいなあ。先生のを運んであげるっていう気持ちがうれしいなあ。

これで、三宅君の文句は出なくなる。

もう一歩の詰め

さらに、気分よく教科書を運ぶ仕事をしてもらうために、次のお願いをした。

じゃあ、今度、先生のとっても大事なものを運ぶ時に、三宅君に頼んでいいかなあ?

平山諭氏の主張する、子どものプライドを立てる「お願い効果」である。

三宅君は、うれしそうに「うん」と頷いた。

「三宅君と一緒になれて、うれしいなあ」と言いながら、そのまま、教科書を取りにいった。

図書室につくと、「俺がいっぱい持ってあげる」などと言いながら、終始ご機嫌だった。どちらのアドバルーンも、私は叱ることなく対応した。相手の気持ちに同意しながら、主導権はこちらが握る。そして、「ユーモア」と「間」を使って対応したのだ。

この一連のアドバルーンへの対応で、私は学級を統率した状態になった。

3 認められる場面を意図的に作り出し、周りの子どもも納得させる

一　褒められる場面を意図的に創る

以前、論文審査で「ＡＤＨＤの子に効果がある指導　効果がない指導」を発表した。その中で、次の実践を書いた。

ＡＤＨＤの梶田君が、放送委員会で上手に紙芝居を読んだ。そこで、「梶田君が帰ってきたら、みんなで拍手をして驚かせよう」という作戦をたてた。

教室に帰ってきた梶田君は、何も気づかないまま自分の席につく。その時、私の合図で、子どもたちが一斉に「梶田君、上手だったよ～」と言って拍手をした。

一瞬、何が起こったかわからない梶田君は驚いて跳び上がった。そして、ニコニコしながら、「びっくりした」とうれしそうに話していた。その日の給食は、梶田君の話題で持ちきりだった。

この実践に対する向山氏のコメントはこうだった。

このような（活躍する）場面を意図的に創り出すのが、教師の仕事なのです。（文責：小野）

この「意図的に創り出す」ことなしには、特別支援教育は成立しないと、私は感じている。

二　吉岡君への意図的な対応

考えてみれば、向山実践そのものが、意図的な教師の営みの連続である。授業の中で起きる逆転現象も、偶然ではなく必然である。

そして、この意図的な営みは、授業だけでなく、日常的な指導にも多く見られる。

それがもっともよく表れているのが、吉岡君への指導である。

向山洋一・大場龍男著『向山洋一は障害児教育にどう取り組んだか』（明治図書出版）に、その取り組みが詳しく書かれている。

当時の日々の記録には、次のように書かれている。

> **4／6（水）とにかく認めること、全員の前で！　始業式、名札をつけていた（そのうちの一名）。3名に仕事をわりあてる。彼は号令係〈授業開始の号令など始めて〉。口をきくのもやなほど疲れる。（前掲書41ページ）**

この中で、特別支援教育において、極めて重要なキーワードがある。それは、

> **全員の前で認める。**

ということである。

これが難しい。全員の前で認めるには、次の条件が必要である。

周りの子が納得する。

他の子もできているのに、その子だけを褒めていては、周りの子は絶対に納得しない。

だから、次の条件も必要となる。

その子だけを褒めても、周りが納得するような事実を創る。

言葉で言うのは簡単だが、他の保護者から署名運動が起こるような子を、初日にみんなの前で認めることができるだろうか。しかも、周りが納得するようにである。

そもそも、吉岡君は、今までに褒められたことがほとんどないはずである。だから、「がんばってもどうせうまくいかない」というマイナスの見通しをもつことに慣れてしまっている。

それを覆すのは、出会いの日である初日しかない。

向山氏は、「名札をつけている」ことを取り上げた。普段、名札をつけるなどという形式的なことにこだわらない向山氏が、このことを取り上げているのだ。

「どんな小さなことも見逃さない。全員が納得する事実を見つける」。そんな気迫が、向山氏のとった行動からは感じられる。それは、「口をきくのもやなほど疲れる」という記述からもわかる。

しかし、ここまで苦労して創った事実も、砂山のように脆いものでしかない。何かあれば、すぐに崩れてしまう。

これをしっかりと固めるためには、全身が張りつめた状態を、ずっと続けなければならないということを意味する。

そして、実際に向山氏はそれを実行している。

ＡＤＨＤの子を担任するにあたって、私はこの覚悟を追試しようと決めた。これこそが、向山型指導法の根幹であると考えたのだ。

三　何のために「褒める」のか

褒めることは、ＡＤＨＤの子への指導では、基本中の基本である。褒めることには、様々な効果がある。例えば、褒めることでやる気をもたせる。また、そのやる気を持続させるのにも、褒めることは効果がある。しかし、教師がそれだけの意識しかもっていなければ、一過性の出来事で終わってしまうことが多い。

私は、次のような意識をもって、「褒める」ということを使っている。

褒めることで、望ましい行動様式を入れる。

つまり、その子が、身につけさせたい行動をした時に、そのことを褒めるのである。そして、褒めることで、その行動をまた繰り返そうという気にさせるのである。

私の中では、「褒めること＝行動を強化すること」と捉えている。

四　同じことを何度も使って褒める

「望ましい行動を褒める」といっても、いつもいつもそういう機会があるわけではない。しかし、私は、ほぼ毎日、その子を褒めている。

いっけん矛盾しているようだが、別に難しいことではない。

例えば、次のような場合で考えてみよう。


社会科の単元ノートまとめを、何度も何度もやり直して合格した。


何度も何度もやり直して合格した。この時の望ましい行動を、「あきらめずに何度も何度もやり直した」とする。通常、褒めるのはその時だけである。

しかし、私は次のようにする。

まず、連絡帳にそのことを書いて褒める。そして、「何度もやり直せるのは、すごいなあ」と、連絡帳を見せながら、その子に渡すようにする。

渡した次の日にその子を呼んで、お母さんがどう言っていたかを尋ねる。そして、「褒められてよかったなあ」と笑顔で話す。もし、連絡帳にお母さんからのコメントが書いてあれば、それを一緒に見ながら、「よかったなあ」と喜んであげる。

その場でほめる
連絡帳に書いて
それを見せながらほめる
お母さんのコメントを
見せながら再びほめる

褒める機会を意図的に作り出し、何度も褒める。

もう一歩の詰め

さらに、何かにチャレンジする時にも、この話を持ち出す。

「この間は、うまくいかなくても、何度も何度もやり直して挑戦したよね。すごかったね。今度もできるよ」

このように、一つのことを使って何度も褒めるのである。

何度も褒められることで、その子は自分はできるんだという自信をもつことができる。だから、またやってみようという意欲がわいてくるのである。

一つの出来事を何度も何度も取り上げて褒める。

これを教師が意図していることが大切である。

五　アンケートを利用して褒める

学期末にアンケートをとっている。

次のような内容である。

①お勉強でがんばったなあと思うこと。ほんのちょっとでも、前よりできるようになったと思うこと。
②当番や係など、勉強以外でがんばったなあと思うこと。
③がんばっているなあと思う友達。

通常、このようなアンケートは、通知票作成や、個人懇談の資料として使われる。

私は、さらに、これを発達障害児への指導にも使っている。

ポイントは③、「がんばっている友達」という項目である。

子どもたちに、「がんばっている友達を書きなさい」と言うと、通常二種類のタイプの子どもがあがる。

一つは、「よくお勉強のできる子」である。自分もああいうふうにがんばりたいという思いが、ここに表れる。

そして、もう一つは、「今までは、あまりできなかった子」である。できなかった子ががんばっている姿を、周りの子は本当によく見ている。

例えば、私が以前、担任をした梶田君については、次のような意見が出た。


前は、すぐに「もうできない」とあきらめていたのに、今は、間違えてもやり直そうとしている。

やり直そうとしている。ここで出てくることが、梶田君に入れたい行動様式なのである。だから、梶田君を呼んで次のように言う。

梶田君のことをね、「間違えてもあきらめなくなった」って書いている人が何人もいたよ。友達に言われるなんて、すごいことだね。

このように言われて、うれしくない子はいない。

もう一歩の詰め

さらに、私は続ける。

どうして、できるようになったの？

ここでは、理由がわかることが目的ではない。自分を振りかえらせて達成感を感じさせ、そのことを褒めて行動を強化しようとしているのである。

例えば、「勉強が面白くなった」と答えれば、「勉強ができるようになる人は、みんなそうやって言うんだよ。これは、もっとできるようになるっていう証拠だ」などと答える。

また、「わからない」と言えば、「自分でも気づかないうちにできるようになってきたのか。それは、成長しているってことだ」と、力強く話せばいい。

「褒める＝行動を強化する」という意識があれば、いくらでも褒める場面を教師が作り出すことができる。

4 学級で大切な行動を意図的に体験させる

一　反省できたことを褒める

今までに担任したどのＡＤＨＤの子も、最初の三日間はやる気でいっぱいだった。

その三日間に、私は次のような意識で臨んできた。


今後の学級での生活で、大切な行動を実際に体験させる。


この意識があれば、ＡＤＨＤの子への先手の指導が可能になる。

先手を打てれば、大変だと言われた子も大きく崩れることはない。だから、スムーズなスタートが切れる。

このことについて、三日間の流れにそって、述べていく。

一日目

出会いの日は、教師の方針を示す。

その時は、「いじめを許さない」という話をした。

さらに、目をつぶらせ、今までにいじめをしたことがある人に、手をあげてもらった。

大勢の子の手があがった。そして、石井君も素直に手をあげた。ここで、素直にあげたことを取り上げて褒めた。

体験① 正直に言えば、認められる。

この体験をさせておくことが、大切である。これが、後の行動全てに役立ってくる。

さらに、これを使って、次のような場面も設定する。例えば、何か活動をしている時に、おしゃべりをしていたとする。

「今、おしゃべりしていた人は立ちなさい」と言って立たせる。

そして、正直に立った人を褒める。ここまでは、先ほどと同じ。ここから、もう一手をうつ。

「今、座っている人で、自分もおしゃべりをしていたという人、立ちなさい」と言って、さらに立たせる。

ここで立った子には、人の行動を見て、自分の行動を変えたことを強く強く褒める。

体験② よくないと気づいたら、すぐに自分の行動を改める。

さらに、ここでもう一つ体験させる。

「ごめんなさい」と言って座らせるのである。そして、それであっさり終わりにする。

体験③ 悪いことをしたら、反省して謝れば許される。

ここで扱うのは、もちろん、おしゃべり以外でも構わない。このような場が設定できれば何でもいいのである。

自分の非を素直に認め、行動を改めようとする気持ちがあり、すぐに謝れるようになれば、クラスの友達から阻害される可能性が、ぐんと減る。

そのことが大切なのである。

二　喧嘩の仲直りを体験させる

二日目

二日目は、学級の組織を作る。

活動が増えるので、「トラブル」が生じることが多い。

多くの教師はトラブルが起こるのをいやがるが、私は「待ってました！」という感じだ。

トラブルは必ず起こるものである。だから、仲直りの方法を早いうちに体験させたいのである。

トラブルが起きた時は、喧嘩両成敗で行う。

お互いの話を簡単に聞き、それぞれに謝らせるのだが、その時、教師が「あなたが悪い」などと判断してはいけない。必ず、本人に自己評価させる。

「10点満点で何点ですか」と聞き、例えば「8点」と言えば、「じゃあ、2点分悪いところがあったんだね」と言い、反省していることを力強く褒める。

そして、悪かったことだけお互いに謝らせれば、終了である。

最後に、相手を許してあげたことを褒め、仲直りできたことを一緒に喜んであげるといい。

体験④　喧嘩の仲直りを体験する。

こういうことは、早い時期であれば早い時期であるほどうまくいく。

三　挑戦する人が伸びることを教える

三日目

三日目は、学習が始まる。ここでは、間違えてもいいという体験をさせる。

それには、暗唱がおすすめである。

向山式暗唱テストで行えば、ほとんどの子が何度も間違える。失敗するのが普通なので、失敗が全然目立たない。

体験⑤　失敗しても何度も挑戦すればいい。

このような体験ができる。

また、暗唱テストなどをする時、私は次のように言う。

自信のない人からどうぞ。

「自信のない人からどうぞ！」挑戦する人が伸びることを伝えよう。

もう一歩の詰め

今までのクラスでは、いつもＡＤＨＤの子が一番に立候補してきた。
このことを使わない手はない。

私は、これ以上ないほど力強く褒める。「こういう挑戦する人が伸びる」と周りの子にも話す。さらに、連絡帳にも学級通信にも書く。

これらのことは、全て意図的に行っている。偶然ではなく、意図的にその子を変化させていくのである。
言葉だけではなかなか変わらない。だから、体験をさせることが重要になってくるのである。

5 失敗した時にどうするかが大切だと伝える

一 最初の一週間で示すメッセージ

最初の一週間は、これからの一年の方針を示し、クラスに定着させる時期である。

だから、一年間を見こした指導が必要だ。

私は、次のメッセージを最初の一週間で繰り返し繰り返し示していく。


失敗したり、よくなかった時にどうするかが大切だ。


特別支援を配慮する子は、どうしても失敗体験が多くなる。そして、トラブルも多い。

最初はやる気いっぱいだった子どもたちも、次第になれてくるにしたがって、うまくいかなかったり、トラブル起こしたりすることで、やる気も薄れていく。

だから、最初の一週間のうちに、失敗した時やトラブルになった時こそが、大事な勉強の機会であることを教えていく。

これが一年間の大きな柱となり、子どもたち同士の関係を育てていく土壌になる。

二　教えて褒めて定着させる

うまくいかなかった時は、どうするか。「もうダメだ」とあきらめてしまうのか、「よし、もう一度やってみよう」と挑戦するのか道は二つある。

できるようになる人は、必ず挑戦する方を選ぶ。

だから、一回でうまくいくかどうかというのは大きな問題じゃない。大切なのは、うまくいかない時なんだ。


このように繰り返し話す。そして、間違えてやり直そうとしている子を取り上げて、大いに褒める。

また、それでもわからない時には、友達の意見を参考にすることを教える。つまり、写すのである。これも、黒板の友達の意見を写している子を取り上げて褒める。

そして、意図的にこのような場面が生じる学習を行っていく。例えば、写真の読み取りの授業、田に×を書いた図から漢字を探す授業（164ページ参照）などである。

また、トラブルになった時も同じである。


トラブルを起こすことは、人間なんだから誰にでもある。大事なのはその後だ。


このように話し、謝ること・相手を許すことの大切さを繰り返し示す。

そして、実際に喧嘩が起こった時は、仲直りさせてから、そのことを全体に示して褒める。

田中君と佐藤君は、喧嘩をした後、ちゃんと自分の悪かったことを謝ろうとした。立派な態度だ。こういう人が、友達から大事にされるのです。


この指導を行うことで、今後もトラブルを起こすであろう、特別支援を必要とする子を守ることができる。

だから、トラブルを起こしても、周りの子がその子を受け入れることができるようになっていく。

これは、一年間の方針を示す最初の一週間だからこそ、効果が絶大である。最初の一週間で、教えて褒める機会を何度も作り、その文化をクラスに定着させていく。

三　間違いを指摘する子への対応

教師の間違いをすぐに批判してくる子はいないだろうか。私がかつて担当していた反抗挑戦性障害の子が、まさにそうだった。

少しの言い間違いでも、すぐに批判してくる。

いちいち腹を立てていると、こちらが疲れてしまう。かと言って、放っておくわけにもいかない。

このような時の対応は、向山氏の対応にヒントがある。

向山氏は、かつて子どもの指摘に、「先生は二年に一度間違う」と返している。

さらに、「前にも間違えた」と指摘する子に、「月日がたつのは早いね」と返している。

その場は、楽しい雰囲気で包まれただろう。

原則を抽出してみる。

①笑顔で行う。
②決して、うろたえない。
③できればユーモアで返す。

③は難しいとしても、①、②はいつも心がけていなければならないことである。
たとえ内心はドキドキしていても、それを悟られないように振る舞うのである。

平山諭氏は、「教室は舞台と同じ。教師は演技をしなくてはならない」と述べている。

向山氏の対応の原理とまさに同じである。

四　手違いにクレームをつける反抗の子

教師の簡単な間違いへの指摘は、笑顔でその場で処理する。

しかし、こちらのミスで起こったもう少し大きな手違いの場合は、どうすればよいだろうか。

六年生を送る会があった。

四年生は、つなひきを六年生と行うことになっている。反抗挑戦性障害の河田君もやる気まんまんだ。

学年で準備について話し合った時、私は「子どもたちの服装は、体操服の上に学生服の上着を着ていく」と解釈していた。

昨年の四年生もそうだったし、そのような話もその場で出ていたからだ。

しかし、体育館に行ってみると、なんと私のクラスだけが体操服で、他のクラスは制服のままだった。どうやら、途中で変更したらしい。

ちなみに私のクラスだけ、教室配置の関係で他のクラスと棟が違う。だから、隣のクラスを見て気がつくことはできなかった。会はもう始まる。そのまま過ごすしかない。

通常なら、後で子どもたちに説明すればいいのだろうが、それを許さない反抗挑戦性障害の子がいる。案の定、機嫌を悪くし、私の方に向かって文句を言っている。

なんで、うちのクラスだけ、体操服に着替えてるんだ！

さあ、みなさんならこういう時、どのように対処するだろうか？

A　無視して取り合わない。
B　笑顔で「ごめん、ごめん」と謝る。
C　そうなった趣意説明を行う。

少しでもその場で考えていると、その子はすぐに見透かしてしまう。じっくり考えている暇はない。即座の決断が必要だ。瞬間に選択し、選択した理由を考えてもらいたい。

五　必要なのは納得させること

まず、「A　無視して取り合わない」のはよくない。ずっと批判を続けるだろう。しかも、その声や態度はエスカレートしていく。

次の「B　笑顔で『ごめん、ごめん』と謝る」のもよくない。こう対応すると、ずっと河田君にしこりが残るだろう。

私は、「C　そうなった趣意説明を行う」を選択した。しかし、その子が納得するような話を行うのである。
まず、私は指で「シー」という合図を出し、そっと自分のところへ河田君を呼んだ。
そして、大きい声で言えないからと、河田君の耳元でないしょ話のように話し始めた。

先生がちゃんと伝えておけばよかったんだけど、朝に時間がなくて、うまく他のクラスに伝わってなかったんだ。つなひきをするのに、体操服と制服とどっちが力を思いっきり出せる？

こう言うと、河田君は「体操服」と即座に答えた。
「シー」というポーズをとりながら話を続けた。

A組は体操服を着ているからいいけど、他のクラスは損をしてるだろう。だから、大きい声では言えないんだ。理由がわかった？

そう言うと、河田君も小さい声で「うん」と頷いた。そして、「だから、A組は勝とうな！」と言うと、頷いて自分の場所へ帰っていった。
ここでの対応は、河田君を納得させること。

もう一歩の詰め

自分たちが損している、という河田君の思いを、反転させればよかったのである。そのために、最初の「シー」という合図が必要だったわけだ。この反転も、納得させるための原理である。

6 個別評定で集団を正しい方向へ動かす

一 誰がよくて誰がよくないのか

誰がよくて誰がよくないのかを明確に示すこと。

それが、規律ある教室を創るためには必要不可欠である。若い教師の多くが、ここで過ちを起こしている。

例えば、教室が騒がしい時、どのように注意するだろうか。

若い教師の多くは、次のように言う。

うるさいです。静かにしなさい。

この注意の問題点は何だろうか。問題点は次のことである。

全体に注意をしている。

全体に注意をされても、当事者は自分のことだとは思っていない。だから、なにも効果はないのである。

それどころか、害の方が大きい。

よく見れば、中には騒いでいない子もいる。全体を叱ることは、このような子まで叱っていることになる。

これでは、がんばっている子のやる気がなくなってしまう。

だから、例えばこのようにする。

今、おしゃべりしていた人は立ちなさい。

誰がよくて誰がよくないのかを明確にするのだ。

また、次のようにすることもある。

隣の人が、おしゃべりしていたという人は手をあげなさい。

ここで、立った子には、「ごめんなさい」と言わせて座らせればよい。

しつこくする必要はない。

あっさりと終わらせるから、次によくないことをやった時でも、正直に自分から申し出るようになる。

また、きちんとやっていた子を褒めることを忘れてはいけない。

特に、四月当初は、何度も何度も繰り返し取り上げ、褒めることが大切だ。

誰がよくて誰がよくないのかを明確にするということは、文字通り、よいことを取り上げて褒めるという意味である。

決して、悪いことを指摘するということではない。

よいことを取り上げることで、集団をプラスの方向に進めていくのだ。

二　段階を分けて個別評定を行う

四月初めに、教科書を使って音読の練習の仕方を教える。

「〇を一〇個書く」「範読」「追い読み」「交代読み」と手順通りに進める。そして、一人読みとなる。一人一人に読ませて、個別評定を行っていく。

ここまでは、誰もがやっていることだろう。

私は、学校で一番大変だと言われる発達障害の子を担当することが多い。その中で指導が大変なのは、騒ぎまわる子ではなく、全然音読ができない子である。

そのような子どもたちも、熱中して取り組み、上手に音読できるように仕組んできた。

そのために行ったのは、

個別評定を二段階に分けて行う。


ということである。

まず、最初の段階は、

1　全員に同じ文を読ませて評定する。

全員が同じ文を読むということは、何度も何度も同じ情報が耳に入ってくるということである。音読を回路で考えると次のようになる。

①教科書の視覚情報を目から入力し、脳に送る。
②脳の中で情報を操作する。
③音声情報に変えて、口から出力する。

このどこかがうまくいかないから、音読がスラスラとできないのである。

これを全員が同じ文で練習すると、どうなるか。たった一文なので、すぐに覚えた状態になる。つまり、脳の中に情報があらかじめある状態になるのだ。

これなら、どんなに音読が苦手な子でもある程度は読める（正確には「言える」）状態になる。その上で、個別評定を行う。

ここでは、「正確さ」「姿勢（教科書の持ち方なども）」「声の大きさ」などを観点とする。通常、10点満点の3点程度を合格ラインとする。何度か読ませれば、すぐに合格する。

読むことへの抵抗を減らした状態で、身につけさせたい最低のラインを突破させるのだ。そして、二つめの段階に進む前に、一回目の段階のレベルをもう一段階あげておく。

5点の読み方に挑戦しなさい。

これで、どの子も声が大きくなる。そして、しっかりとした声が出るようになる。

三　一番できない子が目立たない

第二段階は、当然こうなる。

2　一人一人、違った文を読ませる。

今度は、先ほど合格したイメージをもとに、自分だけで読むことになる。

声の大きさ、正確さ、姿勢など基本的なことは第一段階でクリアしている。

今度は応用編だ。ここを通過すれば、これ以降の音読練習の合格基準が体感として理解できる。「このぐらい読めるようにならないと合格できない」と思うから、自分から進んで練習するようになるのである。

私は、四月の最初の参観日で、一人ひとりに一文ずつ音読させることが多い。

最初の参観日なので、授業開きから一週間ほどしかたっていない。保護者も子どもも緊張した状態である。

だから、前もって自分が読むところを固定して練習させる。この二段階目の個別評定で読んだ文を、参観日でも読ませるのである。

子どもたちには、この時点で参観日に読むことを予告しておけばいい。そうすれば、自信のない子は自分から練習するようになる。

ただ、今度は違った文になるので、困ったことが出てくる。

一番できない子が、保護者の前で読めるかどうか。学年で一番音読が苦手な子である。今まで、参観日でしっかりと声を出した経験がないという子がほとんどである。

しかし、大丈夫である。

もう一歩の詰め

第一段階でみんなで読んだ文が、その子が担当する文になるようにする。

つまり、順番に読んでいくと、その子が担当する文を取り上げて、みんなで練習しているのである。

この文は、クラスの友達が見ている前で、すでに合格している。つまり、緊張場面を予行演習をした状態になっているのだ。

参観日でも、同じように合格・不合格の個別評定を行う。その子が音読が非常に苦手だということは、友達も保護者も知っている。そんな中で、事実で合格するのだ。

そのことをきっかけとして、その子も保護者も自信をもって学習に取り組むようになっていく。

7 最初の体育では必ずケンパを行う

一 最初に体育で行うのは「ケンパ」

何年生を担任しても、最初の体育の時間にケンパを行うようにしている。

それには次の目的がある。


発達障害の可能性のある子の調査を行うため。


発達障害の子は、協応動作が苦手なことが多い。簡単に言うと、二つの動作を連結するような運動が苦手なのだ。

ケンパをさせてみると、不器用な動きになることが多い。ケンパだけで判定することはできないが、可能性の一つにはあげられる。

もちろん、テストのように一人一人にやらせてみるのではない。全体の中で、楽しんで取り組んでいる中で、教師が観察するのである。

私は、次のように行った。


ラインから四人ずつスタート。

スタート、ゴールの間は10メートルぐらいの距離をとった。

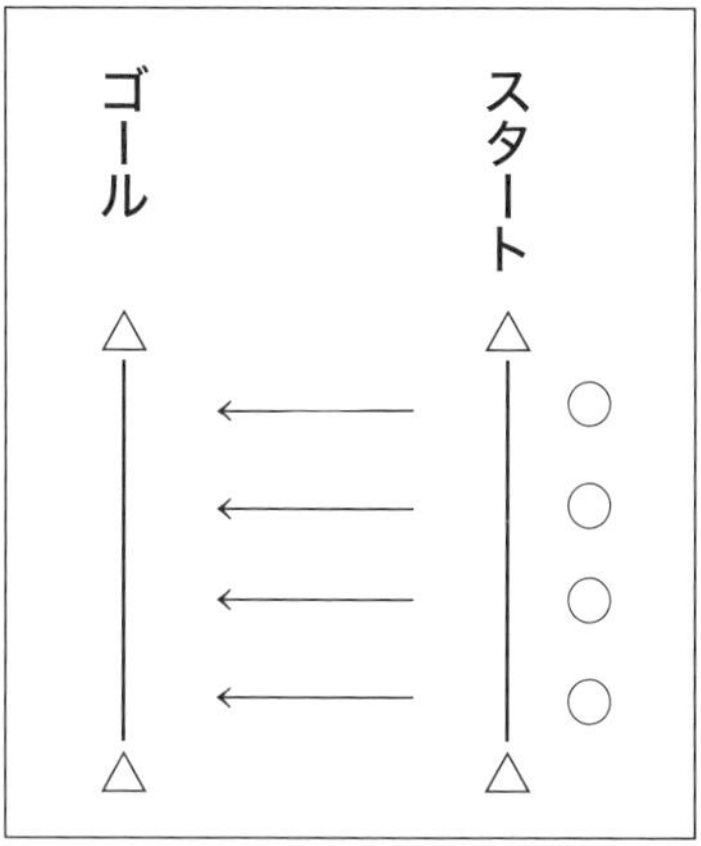

ゴールラインまではケンパのリズムを繰り返す。

ゴールしたら、コーンを回ってスタート位置まで戻ってくることを最初に指示しておくとよい。

ケンパのリズムは、次の三種類を行った（「ケン」は片足での着地、「パ」は両足での着地）。

①ケンパ　ケンパ　ケンケンパ
②ケンケンケンパ　ケンパッパ
③ケンパ　ケンケンパ　ケンパッパ

子どもたちはケンパをしている時、教師は不器用な動きをする子に注意する。

一回はできても、何回か繰り返すと結構難しいものである。

教師は、ゴールライン後方で子どもの様子を観察する。

どの子がリズムがあっていて、どの子が協応動作を苦手としているかがはっきりとわかるだろう。

一通り終わったら、さらに負荷をかける。


「ケン」を反対の足でやらせてみる。


これは、一気に難易度が上がる。これでさらに深い観察ができる。

名簿用紙などに、自分なりの簡単なチェックをつけておくとよい。

- **◎：非常にリズム感がある。**
- **○：合格。**
- **1：①が苦手。**
- **2：②が苦手。**
- **3：③が苦手。**

だから、③だけがうまくできない子は「3」という記号がつくことになる。

これを反対の足でも記録しておく。

なお、このラインを使ってケンパだけをするのはもったいない。

ケンパの前に、いろいろな走り方を変化のある繰り返しで行った。

例えば、次のようにである。

（1）スタートを変化させる

①構えてからスタート。

②気をつけの姿勢からスタート。

③後ろ向きからスタート。

④体育座りからスタート。

⑤うつぶせ状態からスタート。

（2）走り方を変化させる

①後ろ向きで走る。

②横向きで走る。

③スキップで走る。

④大またで走る。

（3）ケンパ

二　ケンパを集団で楽しみながら行う

ケンパは、個人だけでなく、集団で行うこともできる。そのことで、仲間作りにもつながっていく。

①リズムケンパ

友達と同じリズムで、ケンパをしていく。

先ほどのスタート・ゴールのラインを使って、二人でリズムを合わせてできるか練習させていく。

リズムも最初は簡単なものから、だんだん難しくしていく。上手になってくれば、三人、四人と人数を増やしていっても面白い。低学年の子は熱中して行う。

②創作ケンパ

自分だけのリズムを考えさせるのも面白い。お互いに紹介し合い、友達が考えたリズムを体験し合う場を作ることで、自然と仲間との交流が生まれるようになる。

また、これを集団でリズムを合わせて行うと、さらに発展していく。練習した後で、全体の前で発表させると盛り上がる。

③ケンパ列車

前の子の肩に手を置いて、列車のようにつらなってケンパをする。二人、三人と増やしていくと面白い。また、これは、じゃんけん列車のケンパバーションに発展させることができる。

もう一歩の詰め

さらに、鬼ごっこなどにも転用できる。私は、「鬼は走る。逃げる子はケンパ」というルールでやったことがある。だんだんと鬼が増えていくルールで、盛り上がった。

このように、ケンパの動きを様々な活動に応用していくことで、楽しく友達と交流しながらリズムのある動きを楽しむことができる。

第4章

指示したことは必ずやらせることが教師の仕事

1 指示したことは絶対にやらせる

一　反抗挑戦性障害だった高杉君

「うるせー」と怒鳴り散らす。

教科書を開こうとしない。

無理やりやらせると、大声を出して暴れる。

手がつけられないと言われた高杉君は、ＡＤＨＤだった。

四年生時には、二次障害「反抗挑戦性障害」を引き起こし、毎日がトラブルの連続。

二学期にＡＤＨＤと診断を受け、薬の服用が始まった。

その後も、同じような状態が続いていたが、五年生になり、ずいぶん落ち着いた集団生活ができるようになった。

全く指示が聞けなかった高杉君が、このような状態になったのである。短期間でどうしてこのようなことができたのか。

高杉君を指導する際、私が心がけたのは、「①学習環境の設定」と「②教師の対応」だった。

この二つについて述べていく。

二　指示が聞けない状況をなくしていく

どうすれば指示を聞けるようになるのかを考えた。しかし、これは難しかった。

こういう時には、逆に考えてみる。

「指示を聞く」時に、じゃまになる要因をなくしていくことを考えた。

次のような学習環境をいつも設定するよう心がけた。

1　余分な刺激をなくす。

ＡＤＨＤの子は、キャパシティが少ない。

だから、できるだけ他の刺激は少ない方がよい。黒板に何もないのはもちろんだが、教室前面の掲示物も極力なくす。

また、席は教室の真ん中前方にする。教師からも近いし、外からの刺激も少ない。

そして、もっとも大切なことは、机の上に必要な物以外出ていない状態にするということ。机の上がぐちゃぐちゃの状態で、指示が聞けるわけがない。

最初は、教師が一緒にしまってあげればいい。そのうち、自分でできることもある。その時はすかさず褒める。そうやって、正しい行動を少しずつ強化していくのである。

2　忘れものをなくす。

忘れ物があると、自分の思い通りにいかなくなり、意欲がなくなってくる。

しかし、いくら言っても忘れ物はなくならない。では、どうすればいいのか？

余計なことを言わず、教師が黙って貸せばいい。


教科書は、余分な教師の教科書を渡す。

ノートは、切ったTOSSノートを渡す。

文房具は、すぐに貸せる状態にしておく（15ページ参照）。

また、物を落とすと使いたい時にそれが見つからない。そこから、やる気がなくなることもあった。落し物も、教師がそっと拾ってあげる。これだけで、ずいぶん違ってくる。

三　指示に反抗した時の教師の対応

教室で、このような場面が多くある。

反射的に「え〜」とか「いやだ」と言う。


こういう時、私は「目」で対応することが多い。

その子を見て、けん制するのである。

私と目が合うと、「あっ」という表情になる。また、ひとさし指を横にふって、手で合図することもある。

これで、みんなと同じように始めることが多かった。

さらに、始めたのを確認してから、「もう始めている人？」と聞く。そして、「よし」と短く褒め、授業に引き込んでいく。私は、このような手をよく使う。

逆に、うまくいかない教師は、次のように対応する。

できるまで何度も言う。


今度は、このことに反抗することが多い。

できるだけあっさりと進める方が、いい結果になることが多い。

四　個別に対応しすぎない

何かをする時に、机に伏せてしまっていることもよくある。

その時も基本的に対応は同じ。

視線が合う時は、同じように、目や手でサインを出す。それでもダメな時は、個別に対応する。

ただし、この時、大事なことがある。それは、その子だけに対応しないということである。

少しぐらいならば、ほうっておく。

ほうっておくというと冷たい感じがするが、そうではない。

視線の中に入れておいて、指導のタイミングをはかるのである。

見逃しているのと、教師が知っていてあえてほうっておくのとは違う。


まず全体、然る後に個に指導する。


これが、指導の原則である。

全体に課題を与えておいてから、個に対応する。算数の赤鉛筆でうすくなぞるのは、まさにこの典型である。

もし、最初から赤鉛筆指導をして、他の子を待たせておいたらどうであろうか。リズムもテンポもなくなり、授業はぐちゃぐちゃになってしまう。

最初に指導すべきは、全体なのである。

しかし、多くの教師はこれを逆にする。

その子に対して、そのつど対応してしまうのだ。そして、一つ一つ対応しているうちに、収拾がつかなくなる。

これでは、その子にとっても全体にとってもいいことにはならない。

全てのことを一回一回で詰めようとすると、個に対応しすぎてしまう。逆にゆったり構えれば、褒める場面が見えてくる。

対応するところと見守るところ、そのバランスが大切である。

五　指示は、何度も繰り返す

国語のテストを行った。

私が採用しているテストは、一人一人に答えのシートがついている。だから、どの子も自分で間違い直しができる。

テストを返す時、次のことを指示した。

> **①赤鉛筆で直しなさい。**
> **②間違いは、消しゴムで消しません。横に赤鉛筆で正しい答えを書きなさい。**

間違い直しの方法はいろいろあるだろうが、私はいつもこのようにさせている。

もう一歩の詰め

一度言っただけでは、理解できないだろうと、二度繰り返した。

そして、黒板にも書いた。

さらに、聞いていそうにない子を呼んで、こちらを向かせ、もう一度全体に言った。

念のために、子どもたちにも読ませた。

新しく何かを行う時には、私は変化をつけながら、何度も指示を繰り返すようにしている。

六　子どもはできないものだ

テスト直しをした子から、テストをしまわせた。

全員がしまい終わったところで、「できましたか?」と子どもたちに聞いてみた。子どもたちからは、「ハ〜イ」と元気な返事がかえってきた。

教師が指示したことは、徹底させなければならない。

特に、最初の指導は重要である。

そこで、しばらくたってから、念のために、お隣同士でテストを持ってこさせることにした。

その結果は、次の通りである。

①全ての直しがまだ終わっていない子が五名。
②消しゴムで消して、鉛筆で直していた子が三名。
③消しゴムで消して、赤鉛筆で直しをしていた子が三名。

これを聞いて、どう思われるだろうか。私は、ほぼ予想通りだった。指示通りできていない子が、数名ずつはいるだろうと最初から思っていたのだ。

だから、後でチェックを入れたのである。

ここで、叱る必要はない。

子どもは、こちらが思っている以上に、こういったことはできないものだ。ただ、放っておくのはよくない。きちんとやり直しをさせなければならない。

私は、ニコニコしながら、やり直しをさせた。

「え〜」という子どもの声にも、いちいち動じない。

もう一歩の詰め

先生は、赤鉛筆で直しなさいと言いました。


こうやさしく言って、やり直しをさせた。

さらに、二度目の直しでも、やり直しの子が三名いた。

今度も、間違えているところを同じように伝え、やり直しをさせた。これで、やっと全員の間違い直しが終了した。

七　見通しをもって対応する

私は、できていないだろうなと思って、直しのチェックを行った。

これ以外に、この指導のポイントはもう一つある。

お隣同士でテストを持ってこさせた。

これを個人個人で持ってこさせると、どうなっていただろうか。

私の予想では、たぶん持ってこない子がいただろうと思う。実際に、隣の子に促されて初めて、テストを探し始めた子が数人いた。それを予想していたから、初めから隣同士で持ってこさせたのである。

あらかじめ見通しをもっておかなければ、その場ですぐに対応することはなかなか難しい。

このようなチェックを最初にしておくことは非常に大切だ。こういうことを見逃していると、子どもたちはだんだんとルーズになってくる。

教師の指示は徹底しなければならない。特に、何か新しく始める時には、そのことを強く意識しておくことが必要である。

八　ルールを徹底させるか？　見逃すか？

発達障害の子に対して、「どこまでルールを徹底させるか」ということを悩んでいる人が多いのではないだろうか。

例えば、次のような宿題のルールがあるとする。

宿題が終わるまで休み時間はなし。

四年生、広汎性発達障害の鈴木君。学力は中程度。宿題をこなす力はある。

最近のお気に入りは、休み時間に池のメダカを見にいくこと。休み時間になると教室を飛び出していくぐらいはまっている。

ある日、この鈴木君が宿題を忘れてしまった。

学級のルールは、宿題を終えるまで休み時間はなし。しかし、鈴木君は行きたくて行きたくてしょうがない。

もし、無理矢理に宿題をさせようとすると、怒り出すかもしれない。さて、どうするか？

①クラスのルールは絶対。宿題をやらせる。
②ここまでこだわっているのだから、鈴木君だけ特別に見て見ぬふりをする。

ごくごく日常的にどこにでも見られる場面であろう。時期は、一学期の初めとする。

さて、みなさんはどちらを選ぶのか？　そして、その理由は何なのか？　ぜひ考えてもらいたい。

九　ルールは守らせる

私は、迷わず①を選択する。

理由はいくつかある。

第一に、鈴木君は宿題をこなす力があるということ。

つまり、ある一定時間がんばればできるのである。それは、できるだけやらせたい。

これが、宿題をこなす力がない子であれば、また別である。その場合、保護者と相談しながら、取り組み方を個別に考えていく。

第二に、学級全体のルールであるということ。

鈴木君ができるのにやらないのであれば、これはクラス全体に影響していく。

この影響というのは、担任への批判や学級全体がルーズになるということだけではない。

考えなくてはいけないのは、鈴木君に対する影響もあるということである。このような状態が続けば、周りの子は「鈴木君はずるい。勝手だ」と思うようになるだろう。

このようなところから、鈴木君へのいじめや差別が始まっていく。子どもというのは、正義をふりかざして、とことんまで追い詰めるものである。

このような影響まで、担任は考えておかなくてはならない。

第三に、ここでいったん出さなくてもいいと理解すると、この先、鈴木君はずっと出さなくなるかもしれないということである。

広汎性発達障害の子は、変化をなかなか受け入れない。だから、いったん思い込んでしまうと、その先もずっとそうなる可能性が大きい。これは、エラーラーニングであり、避けたいことである。

十　パニックになるのを防ぐにはどうするか

そうは言っても、鈴木君が池に行くのをとめられて、パニックになったらどうするのかという問題がある。

では、ここで演習である。

鈴木君がパニックにならないような方法を三つ以上考えなさい。

①伝え方を工夫する。

次の言い方は、どちらがいいだろうか。

A　池に行ってはいけません。宿題をしなさい。
B　池に行くことはできません。なぜ行ってはいけないのかわかりますか。

Aは、「教師自身がいけない」と言っているのに対し、Bは「ルールだからいけない」と言っているのである。できれば、このルールのことを鈴木君に言わせたい。ルールを覚えていたことを褒められるからである。

ここで褒められると、パニックになることはまずない。

自分の口で言ったことは納得する可能性が高い。覚えていなければ、ここでルールを確認する。

②授業の終わりに、課題をさせる。

鈴木君が忘れていたことがわかっていたら、休み時間になる前に、課題に取り組み始めればよい。つまり、授業が残り五分ぐらいになった時に、「宿題が終わっている人から自分の席で休み時間」というふうにすればいいのである。

もう一歩の詰め

そして、休み時間になってすぐに、「まだの宿題をちゃんと休み時間にやっていてえらいね」と褒めるのである。褒めることで行動を強化する。

③残り五分ぐらいになったら、行かせる。

休み時間の間で宿題が終わりそうになく、鈴木君の我慢の限界を超えそうな時には、少しだけやりたいことができる時間を作ってあげるとよい。

その時も、趣意説明と交換条件が必要である。

「鈴木君はちゃんとルールを守ってがんばっていたから、ちょっとだけ池に行かせてあげようかな。その代わり、残りは次の休み時間にできますか」

このように、ルールを守らせながら、上手に抜いてあげることも時には必要になってくる。

2 指示通りではない場合はやり直しをさせる

一　指示したことは徹底して行う

教師が指示したことがぶれることがある。それを決して子どもは見逃さない。ちゃんと見ているのだ。例えば、向山型では次のように指示する。

筆算を書く時には、ちゃんと定規を使って線を書きなさい。線を使っていないと、書き直してもらいます。

このように言っても、子どもはなかなか定規を使わない。教師のところに持ってこさせたり、机間巡視をしたりすれば、すぐに発見できる。

この時は、当然やり直しである。しかし、これが徹底できない教師が多い。

やり直しは、当然、何度も何度も繰り返される。その時に、子どもたちが素直に従わなかったり、不満を述べることもある。

また、自分の指導がしつこすぎるように感じてしまうこともあるだろう。

見逃すのはよくないと思っていても、子どもの圧力に負けて、しょうがないと見逃すことはないだろうか。

一見、見逃すことは子どもにとっては喜ぶことのように感じるかもしれないが、全くの正反対である。

それはなぜか。

教師の指示通り行った子への裏切り行為と同じことである。

さらに、もう一つ。

がんばって直した子への裏切りである。

これでは、子どもの信頼を失ってしまうのは当然であろう。

二　指示を徹底できにくい指導パーツ

定規以外にも、若い教師が指示を徹底できにくい指導パーツがある。

①教科書チェック

一番多いのはこれだろう。このチェックをやらない、またはやっていない問題を見逃すと、全ての取り組みがいい加減になる。

②間違いに×をつけてやり直す

消しゴムを使わないというのも同様。

③指二本分あける

これは二マスではない。三年生以上の子どもの指なら、だいたい三マスは必要である。

④筆算を書かない

⑤三点セットの確認は、当然、一年中行う。
定規を含めたこの五つが、もっとも指示が徹底されていない行為である。
指示したことは徹底して行う。それを見逃すたびに、信頼は加速度的になくなっていく。

三「みんな」という言葉の危険性

教師が指示したことは徹底する。

これができなければ、教室から規律は失われていく。
例えば、音読の時、「しっかりと両手で教科書を持ちなさい」と指示をしたとする。その際、安易に、次のような言い方をすることはないだろうか。

みんなできましたね。

「みんな」という言葉は、安易に使うべき言葉ではない。一人でもやっていない子がいれば、教師の言葉は嘘になってしまう。
子どもたちは、このようなことに非常に敏感だ。だから、次のように言わなければならない。

両手で持てている人が増えましたね。

また、よくなった子を取り上げて褒める方法もある。

これは教室だけのことではない。学年や全校で集まった時など、ついつい「みんなできましたね」と言いそうになる。

これも同じである。私自身、「みんな」という言葉の使用はもっと自制しなければならないと思っている。

四　やり直しを褒める

以下は、私の駆け出しの頃の日記である。

〈反抗挑戦性障害の原田君が久しぶりに爆発した。

理由は、他の友達が自分より早く帰ったから。休み明けが遠足のため、体操服や水筒を用意した班からさようならをすることにした。

原田君の班は、自分も含めた何人かの子が体操服を忘れていたためやり直しとなった。

その後、次の班が合格。さようなら。

それで、もうダメだった。

「遅れた‼　もう、なんでだ」

と涙を流して地団駄をふんでいる。

こういう時は、触らない方がよい。かといって、かまわないのもダメ。難しい。

よし、よし、何度もやり直したからな。班で前においで。
怒ってもなんにもかわらない。
はい、さようなら。

このように言うと、教室をだ～っとダッシュで飛び出していった。

教室を出る時は、ドアをガ～ンとしめて出ていった。

それでも、初日はみんなから遅れたと泣いて三〇分動かなかった。

成長していると感じる。

今日は、暗唱がやっと合格。ここまでで五回連続失敗していても我慢していた。

さらに、百人一首も今日で六連敗。それでも、爆発せずに耐えている。よくなったところは、たくさんある。

少しずつ少しずつやっていく。

もう一歩の詰め

今度落ち着いた時に、帰りで遅れた時のこともトレーニングしていこうと思う。〉

以上が、私の日記だった。このように書いているが、この時は、余裕など全くなかったはずだ。本当は汗をかいて、背すじがゾクゾクして、どうしようかと迷っていた。

しかし、教室では即座の対応が求められる。おそらく、原田君の以前との変化を自分で自分に言いきかせて、自分の精神状態を保とうとしていたのだと思う。

そして、そのことを忘れないために記録を残したのだと思う。

3 子どもに媚びない

一 荒れている学校という噂

荒れていると言われる学校へ転勤した。

ある教師のパフォーマンスを見て、その意味がよくわかった。

全校朝会で、ある教師がお笑い芸人のモノマネで話をした。音楽を流し、衣装もなりきって子どもたちにもウケていた。

いったいこれは何だと思った。

子どもたちに興味をもたせるということを勘違いしている。子どもに媚びる、下品な方法である。

教師なら、プロなら、話で引きつけなければならない。

子どもに迎合するこのような方法がよしとされている雰囲気の中では、知的な子どもたちが育つわけがない。

「学校が荒れている」と話していたのは、教師ではない。前任校の保護者であり、現任校の保護者であった。

保護者のネットワークは広い。スイミング・塾など、保護者同士で学校について、いつも話しているそうである。そんな中での学校の評判であった。

子どもへ媚びることは、子どもに荒れを生む原因となる。

それは、クラスでも同じである。

二　高学年女子に媚びない

男性教師の学級が崩壊に陥る原因の多くは、女子の反抗である。

特に高学年の場合は、ほとんどがそうである。

高学年女子は群れをなし、集団でアドバルーンをあげる。

難しいとわかっているだけに、ついつい甘くなる。そして、嫌われたくないために、顔色をうかがうようになる。

ギャグを言ってみたり、「今回だけだよ」と甘くしたりする。

そして、「先生、話がわかる」などと言われると、ついついうれしくなる。


これで、子どもたちに受け入れられていると思ったら大間違いである。これは、子どもたちに迎合しているのであり、媚びているのである。

このようなことには、子どもたちは敏感である。

これでは、クラスをコントロールしているのは教師ではなく、子どもになってしまっている。このようなことが続くと、高学年女子には足下を見られる。

あくまでも、ダメなことはダメ。これが基本である。

毅然とした態度こそが、クラスに安定をうむ。

三　待たない

高学年を担任すると、一学期の最初のうちに、必ず次のようなことが起きる。

休み時間の後、女子が数人で遅れて入ってくる。

集団で、というのが問題である。集団に対して注意しても怒っても、あまり効果はない。しかも、あれこれと自分たちを正当化するような理由をつける。

このアドバルーンをたたくのは、若い男性教師にとっては結構、難しい。

私は、このようにする。

授業に遅れない方が得をするシステムを作る。

例えば、国語の時間は「漢字スキル」から始める。

仮に、チャイムがなってからの五分間をその時間にあてるようにする。

そして、五分がきたら、まだ終わっていない子がいてもいったんそこで終了し、次の活動に移る。その時間でできなかった子は、授業の最後や休み時間、放課後などにやらせるようにする。大切なのは、「途中でもやめる」ことである。

ずっと以前は、ほとんどの子が終わるまで待っていた。しかし、途中でもやめるようになってからの方が、子どもたちの集中度も点数も上がった。

待たずに授業に入る。そして、早い子が得をするシステムを作っていく。

「待たない」ことが、荒れを防ぐ。

4 自分の言葉に責任をもつ

一 教師は、発する言葉に責任をもたなければならない

若い教師の多くは、「嘘をつく」ということに対しての意識が低い。何も若い教師が、嘘つきだと言っているのではない。「嘘をつく」ということに対しての認識が、甘いのである。

子どもとのやりとりを見ていると、その場しのぎで発する言葉がやたらと多い。

教師が発する言葉は、子どもたちにとっては絶対である。そのことを意識していないと、とんでもないことになってしまうことがある。

以前、学級崩壊をテーマにしたドキュメント番組をやっていた。

そこで印象に残ったのは、子どもたちの次の言葉である。

「先生は、叱らない」と言ったのに、叱った。

この子は授業中に席を立ち、歩き回って遊んでいた子である。それが、教師に叱られて、先ほどのような言葉を言うのである。教師からすれば、叱られて当然だと思う。

しかし、その教師は、子どもたちに次のように宣言していた。

先生は、叱らない。だから、みんなも真面目に勉強しよう。

子どもたちにインプットされたのは、どちらの文か。当然、「先生は叱らない」という方である。それなのに、先生は叱ったのである。

これは教師にとっては交換条件であったのだろう。しかし、子どもたちにとっては、嘘をついたことになるのである。

教師は、自分の発する言葉に責任をもたなければならない。

二　個々に対応するとズレが生じる

若い教師の失敗で多いのが、「子どもたちの質問に個々に対応する」ということである。

例えば、給食の場面。

ある一人の子が「残してもいいですか」とやってくる。教師は、「もうちょっと食べなさい」と言う。また、「少しだけ残していいですか」と別の子が聞いてくる。今度は、「ちょっとだけならいいよ」と答える。

このように、次々とやってくる子どもたちの質問に一つ一つ対応していると、必ずズレが生じてくる。

質問は個別にではなく、全員の前で受けて対応しよう。

ある子には「いいよ」と答え、ある子には「もうちょっと食べなさい」と答える。

これで、子どもたちが納得するだろうか。これも、子どもたちにとっては、嘘をついたことになる。

では、どうすればいいのか。


質問は、全体の前で受ける。


そして、ルールは全体に伝える。

例えば、「一口は食べる」というルールにする。そのことを、最初に質問があった時に全体に示せばいいのである。

これは、給食の時だけの問題ではない。

授業中でも掃除時間でも、あらゆる場面で意識しておかなければならないことである。

三　こんなことでも嘘になる

ここまで読んでも、「私は嘘なんかつかない」と思う方もいるだろう。では、次の内容はどうだろうか。


その日の体育の授業が、ある事情でできなくなった。そこで、子どもたちに次のように説明した。

「今日の体育ができなくなりました。そこで、今週の金曜日に変更することにします」

そして、金曜日。三校時に行う予定だったが、たまたま、その日は音楽鑑賞会のため、予定していた体育館が使えないことがわかった。

そして、音楽鑑賞会のため、この日は体育ができないことを子どもたちに伝えた。

このようなことが、結構ないだろうか。
これは、教師から見れば、仕方がないことである。
しかし、子どもたちからすれば、そうはいかない。こんなことでも嘘になるのである。
教師の言うことは絶対だと前に述べた。これは、教師の言い方が悪いのである。
次のように言うべきである。

もう一歩の詰め

今日の体育ができなくなりました。そこで、今週の金曜日に変更しようと思っています。ただ、他の学年が使ったり、何かの予定で使えなかったりする可能性があります。その時は、また、別の時間をとるようにしますね。

絶対ということはあり得ない。だから、もしものことを含んでおくのである。
教師の言葉は、ここまで意識しておかなければいけないのである。

5 高学年女子にとってしつこいのはNG

一　高学年女子の前に立つ最低条件は、「服装、身だしなみ、態度」

男性教師が高学年女子と接する時は、大人の女性と接するのと同じだと思った方がよい。

そう考えれば、いつも同じジャージでは、嫌われるのは当然だろう。服装、身だしなみは大切である。

男性教師であればスーツにネクタイ着用。そして、きちんと洗濯をした清潔なものを身につける。

汚れがついている。匂いがするようなものを着ていれば、いくら他のことができていても、高学年女子には一発で嫌われると思っていた方がいいだろう。

また、話し方・立ち居振る舞いも重要である。

もごもごと何を言っているのかわからない、自信がなさそうな態度では、頼りなく見える。

子どもたちは、先生にかっこよく素敵であってほしいと願っているのだ。

男性教師は、まず、服装・身だしなみ・態度をクリアすること。それが、高学年女子の前に立つための最低限の条件であろう。

二　うっとうしいのはダメ、ポイントは「あっさりと」

高学年の女子にとって、とにかく「しつこい」のはダメである。いったん、うっとうしいと感じると、何を言っても逆効果になる。

ポイントは、あっさりと行うことである。

例えば、叱る時。

話が終わったら、すぐにそこで終了とする。絶対に引きずったり、ぶり返したりしてはいけない。

活動を入れたり、話題を変えるなどして、できるだけ早く気分転換できるようにする。それは、早ければ早いほどよい。話せばわかるなどと、じっくりやっていると、逆効果になることが多い。

叱る時に効果があるのは、自分で判断させる方法である。

たとえ、その子が悪くても、「○○さんが悪い」とこちらが指摘すると、反感を買ってしまうことがある。

それを、その子自身に判断させるようにする。


「悪いと思っている人は立ちなさい」と言う。

そこで、自分で立ったら、「ちゃんと反省してえらい」と褒めるようにする。

そして、「謝ったら座りなさい」と言って終わりにする。


このように、あっさりと進めるから、高学年女子も素直な態度が出せるようになっていく。

子どもたちが教師に嫌悪感をもつと、全ての指導ができなくなってしまう。そうならないために大切なことは、「嘘をつかない」ことと、「高学年女子への対応」である。

三　帰りを早く終わるだけでなく、教室も早く出させる

私のクラスでは、当然、帰りの会はしない。

よって、学年で一番さようならの挨拶が早い。学校でもたぶん一番だろう。

これが、やんちゃ坊主だけでなく、高学年女子にも好評である。

ここで、一つ大切なことがある。それは、教室を早く出させるということである。放課後、教室に残させることは、トラブルの元になる。

私は、さようならの後、一緒に教室を出るようにしていた。

担任がいない時には、教室に残れないことにしている。だから、子どもたちは教室を早く出ることになる。

「一番最後の人は、先生と一緒に職員室のお手伝いに来てもらおうかな」

「あ〜！　先生、待って待って。すぐ出るから」

と楽しくやりとりをしながら、教室を早く出させるようにした。

終わりをあっさりとすることで、挨拶の声が大きくなり、子どもたちもだんだんと素直になっていく。

帰りの会をしないのはもちろんだが、教室を早く出させることも荒れを防ぐことにつながっていく。

第5章

がんばっている子が得をするから、いいクラスになる

1 「がんばっている子が得をする」状態を作る

一 授業の始まりは待たない

授業の最初は、いきなり活動から入る。そうすることで、運動場に出てくるのが遅れる子がいなくなる。

また、授業の最初におふざけをしている子に注意するといったこともなくなる。

だらだらと運動場に出てきた子が、走って学習に参加するような始まりがよい。

例えば、バスケットボールの学習であれば、授業の最初は「全部のゴールにドリブルシュート」という活動で始める。

ポイントは、待たないこと。


体育館に来た人から始める。


このような「ルール」にしておけば、来た子からどんどん学習に取り組むようになる。おふざけをしている子も、遊んでいる子もいなくなる。

また、やんちゃで指導が難しい子ほど、早く学習に取り組むようになってくる。

サッカーの学習であれば、コーンを置いたところをドリブルする活動から始めるようにする。

つまり、次のような考え方が基本になっている。

がんばった人が得をする。

だから、叱らなくても子どもたちが自分から動くようになるのである。

つまり、「来た人から学習を始める」ということが、子どもたちの学習意欲を高める「布石」となっているのだ。

この授業開始のシステムが機能するためには、「準備物（モノ）」として次の条件が必要だ。

バスケットボールやサッカーであれば、「ボールが一人に一個ある」ということが条件となる。

この「布石」と「準備物（モノ）」で、結果的に次のような状態になる。

運動量が増える。

これは、授業の最初を「待たない」から可能となることである。

二　準備運動で様々な感覚を育てる

授業の初めは、待たないのが基本である。

バスケットボールやサッカーなど、その運動そのものを授業の最初の活動にする場合もある。

しかし、それができない学習もある。

そういう時には、できるだけ多様な感覚を身につけるような運動をさせる。

私が、四年生の準備運動で行っていたメニューを紹介する。

①壁にタッチして戻ってくる。
②壁にケンケンでタッチして戻ってくる。（帰りは足をかえる）
③何かにぶら下がって10数える。
④逆立ち一〇秒。（足を自分の頭より高い位置にすればＯＫ）
⑤カエルの足打ち合計一〇回。
⑥二人組で馬跳び五回。（交代して）
⑦二人組で手押し車五歩。（交代して）
⑧二人組でおんぶ五歩。（交代して）
⑨ブリッジ一〇秒。
⑩足上げ腹筋一〇秒。

最初の①②は、遅れてきた子がいても、すぐに加わることができる内容である。

また、最初は一人、次に二人組、最後はまた一人と変化をつけている。
⑥⑦⑧の二人組の活動は、じゃんけんを取り入れることもある。負けた方がそれを行うというようにすると盛り上がる。
動から静への運動にしているため、⑩の後、次の学習に移行しやすい。

そして、もっとも大切なのが「多様な感覚」作りを意識することである。

「腕支持感覚」「逆さ感覚」「回転感覚」など、感覚作りが児童期においては非常に大切になってくる。

これらは、日常生活の中ではほとんど経験することのないものである。

だからこそ、体育という教科の中で、意図的に継続的に育てていかないといけないのである。低学年の体育では、特にこれらの感覚作りが重要視されるべきである。

三　基本的な一時間の流れを作る

体育の学習が安定するためには、ある程度の基本的な一時間の流れができている必要がある。

例えば、五年生のバスケットボールの学習の基本パターンを示す。

1　準備運動　来た人からドリブルシュートを行う。
2　基礎練習
①一人で行う基礎練習
（ドリブル、ハンドリング、シュート）
②二人で行う基礎練習
（パス、ドリブル、1対1など）
3　課題ゲーム（2対1　3対2など）
4　ゲーム
5　片づけ

このような流れの中で、単元が進むにつれて内容を変えていく。

例えば単元の前半では、基礎練習と課題ゲームがメインになり、途中からゲームの比率が増えていく。

また、基礎練習も最初は一人で行う内容が中心であるが、途中から徐々に二人で行う内容が増えていく。

そのように大枠は変えないで、中身を少しずつ変えていくと学習が安定する。

もう一歩の詰め

最後の「5　片づけ」も重要である。

例えば、体育館での学習では、何か一つ仕事をしたら帰ってよいことにする。用具の片づけ、窓を閉めるなど一人一つの仕事をこなす。これで、あっという間に片づけも終了する。

四　トラブルが多い中学年

中学年の児童は、勝ち負けにこだわる。そのような発達段階なのであろう。

だから、ポートボールのような「ゲーム」を非常に好む。その反面、トラブルも多い。

例えば、次のようなトラブルが頻発する。

これらは、中学年を担任した教師なら、誰でも経験したことだろう。

このようなトラブルが増えると、ゲームに集中するどころではなくなる。

では、どうすればこのようなトラブルが減らせるのだろうか。

私は、次のようにしている。


喧嘩をした人は、ゲームに参加できない。

このようなルールを作っているのである。実際に、喧嘩をすると仲直りするまでは、絶対にコートには入らせない。

だから、少々のことであれば、子どもたち同士で「ごめん」と言って仲直りしている。

この時、後でその場面を取り上げて、先に謝った子を褒めることを忘れてはいけない。

このようにすることで、トラブルは大きく減った。

ルールを作る時には、教師が一方的に言うだけでなく、趣意説明をしておくとさらに効果がある。

私の場合は、次のように話した。

遊んでいるとゲームの時間が減る。

「子どもたちの集合に時間がかかる」

「おしゃべりなどでゲームがなかなか始まらない」

そういう声をよく聞く。

私のクラスは、集合が早い。ゲームもすぐに始まる。

それは、子どもたちがそのことを理解しているからである。

これは、最初の時間に意識させるとよい。

集合の時間や、試合が始まるまでの時間などを計っておく。そして、最後に子どもたちに次のように言う。

「試合の時間をたくさん増やすにはどうすればいいですか?」

このように聞くと、必ず「準備を早くする」とか「早く集合する」といった意見が出る。そのことを褒めて、

「準備や集合が早くなれば、もう一試合多くできるかもしれません」と話す。

これで、次の時間は、集合や準備が早くなる。子どもたち同士で早くしようという声かけも見られるように

なる。

授業の最後に、声かけをしていたことを褒め、準備や集合にかかった時間を知らせる。さらに、子どもたちのがんばりのおかげで、前の時間より試合が増えたことを伝える。

こうやって、集合や準備を早くしていく。

もう一歩の詰め

もし、ふざけたり遊んだりして時間がかかった時は、必ず試合数を減らす。怒る必要はない。「遊んだりふざけたりしていると、ゲームの時間が減っちゃうね」と話せばいい。一度そういうことがあると、次からはなくなっていく。

がんばったら得をするシステムで進めていくのである。

五　役割が決まったチームからスタート

ガードマンやゴールマンなどの役割を決める時にも、時間がかかったりもめたりすることが多い。

これもがんばったら得をするシステムを作ればいい。私のクラスでは、次のようなルールを作っている。


役割が決まったチームからスタートします。


こうすれば、早く決まったチームは、敵が役割を決めている間に、楽々ゴールを決められることになる。

だから、こちらが言わなくても、子どもたち同士で「順番に行う」などの声が出てくるようになる。

がんばったら得をするシステムで、子どもたちの動きは大きく変わっていく。

2 待たないから行動が早くなる

一 向山氏の授業開始場面

向山氏の算数授業CDに、次のような場面がよくある。


「こんにちは～」と言って、教室に入っていく。

数秒後、「問題を出します」と言って、先生問題を出す。その問題をノートに解かせる。

長い休み時間が終わったのであろう。次々と子どもたちが教室に入ってくるのがわかる。

その子たちに向かって、問題をもう一度、言っている。

そうしていると、さらに遅れて入ってくる子が何人かいる。

その子たちにも、同じように問題を言っている。


チャイムがなって、教室に入る。そのわずか数秒後に、問題を出している。

教室の席に座っているのは、半数に満たない時もあるだろう。

それでも、向山氏は待たずに問題を出している。

一気に子どもたちが授業に集中していくのがわかる。

これを同じようにやってみると、その効果がよくわかる。

かつて担任したＡＤＨＤ不注意型の子は、長い休み時間の後、なかなか教室に戻ることができなかった。

図書室で本を読んでいるのを途中でやめることができなかったのである。また、チャイムにさえ気づかないこともあった。

かつての担任が、「タイマーをその子の首につけさせる」と会議で真剣に提案したほどだ。

この子が、私が担任してからは、教室に戻れるようになった。

私がしたことは、チャイムがなり終わると、すぐに授業を始めただけである。

先生問題を出して、できたら褒める。授業開始に用意をしていたら褒める。それを繰り返した。

授業の最初から、子どもの意識をわしづかみにする。

そのことを意識することで、ＡＤＨＤの子も変わっていった。

二　待たないが、待っている

向山氏の授業場面を、もう一度読んでもらいたい。向山氏のＣＤを聞いて、私は疑問を感じたことがある。

教室に入ってすぐに、先生問題を出した。確かに、遅い子を待っていない。

しかし、問題を出した後、すぐに答え合わせをしないのだ。

私は、このＣＤを聞くまで、どんな時でも、すぐに答え合わせをしていた。しかし、向山氏は違った。遅れて入ってきた子に、問題を言っていたのだ。

最初から教室にいた子は、すでにできているはずである。それなのに、なぜすぐに答え合わせをしないのか。

それが疑問だった。

しかし、反抗挑戦性障害の子を担任して、私のやり方ではいけないことを痛感した。

彼は、間に合わないと、

待って、待って。ああ間に合わない。もう無理だ！

このように叫びだしたのだ。

そして、一時間ずっと机に突っ伏して、文句を言い続けていた。

百玉そろばんやフラッシュカードの場合は、遅れてもそこから参加できた。しかし、ノートに書いた時には、待たないと取り組むことは無理だった。

では、遅れた子がいた時、待たなくてはいけないのか、という疑問が出てくる。しかし、決して向山氏は待っていない。

矛盾しているようだが、待っていないのである。

では、どうしているのか？

問題を出した後、「日付を書いていますか」「ミニ定規を使っていますか」などという確認をしていくのだ。

そのような中で、遅れた子は追いついてくる。そして、す〜っと全体が流れるように授業に入っていくのである。

早い子を待たせず、遅れた子が追いついてくる「待たずに待つ」の工夫。

遅い子を待たないが、時間調整をする。

このような場面は他にもある。

例えば、五色百人一首の空札を読む場面。

まだ用意していない子がいても、教師は空札を読み始める。

ここで教師はどのような読み方をするのか？　速く読むのか？　それともゆっくり読むのか？

ちょっとした行為の違いで、全く意味が違ってくる。

「待たない」という一つの行為にも深い意味がある。

3 子どもがどう感じているのかを知る

一 子どもがどのように感じているか

東京教育技術研究所から発刊されている前掲『発達障がい児 本人の訴え』は、何度も繰り返し読むべき名著である。

この本は、発達障害の小学校六年生、龍馬君が全ての先生に知ってもらいたいと自分の障害について書いたレポートである。

障害のある子がどのように感じているかを知ることは、教師にとって必要不可欠なことである。

運動会の全体練習で、パニックになった広汎性発達障害の子がいた。

この子は、自分が叱られたわけではないのに、全体練習で怒鳴った教師に対して「絶対に許さない」と怒りをあらわにしていた。

私は、なぜその子が怒ったのか、最初は全く理解できなかった。

ひょっとしたら、自分が叱られたと勘違いしたのかもしれないと、その子に直接聞いてみた。

> 急に大きな声を出されると、頭の中が真っ白になって、何も考えられなくなる。
> それで、胸がドキドキして飛び出しそうになる。
> そうなったら、もうどうしようもない。

その子は、「だから、すぐに怒鳴る先生は嫌なんだ」と涙ながらに訴えていた。

そもそも、運動会の練習で怒鳴る必要はあるのだろうか。

私は、少なくともこの一〇年以上、一度も練習で怒鳴ったことはない。それでも、子どもたちはきびきびと動いていた。

要は、指導の仕方なのである。

では、このような怒鳴られる体験が重なっていくと、どうなるだろうか。

マイナス体験がトラウマとなって、運動会などの行事に怖くて出られなくなってしまった子を私は何人も知っている。

このようなことを防ぐためにも、教師は障害のある子がどのように感じているかを理解していかなければならない。

だから、龍馬君の本は価値があるのである。ただ、龍馬君のように自分から言葉にできる子はそうはいない。

そこで、私たち教師の方から、子どもの言葉を引き出すような取り組みが必要となってくる。

二　子どもに聞く時のポイント

運動会でパニックになった子どもの言葉を聞いてから、私はことあるごとに、子ども自身に、「どう感じていたのか」ということを聞くようにしている。

その時のポイントは二つある。

①落ち着いた状態の時に聞く。

子どもたちが、興奮したり泣いたりしている時には、聞いても逆効果になる。自分の言葉で、さらに興奮したり怒りがこみ上げてきたりする。

だから、落ち着いた状態になってから、その時どう感じていたかを聞くようにするとよい。

落ち着いた状態でも、マイナスの体験を話すのだから、話しているうちにイライラしてくることがよくある。

だから、次の二つめのポイントが大事になってくる。

②その子の話を同意しながら聞く。

ここで一番いけないのは、その子の話の内容を評価することだ。

子どもが話したことに、「それはいけない」などと善悪の評価をいれてしまうと、子どもはもう話さなくなる。

ここでの目的は、「どのように感じていたか」を聞くのだから、善悪は関係ない。

その子が思ったことなのだから、良いも悪いもないのだ。

だから、その子の思ったことに対して、同意しながら聞くのである。

「そうか」

「大変だったね」

「そう思ったんだ」

「嫌だったんだよなあ」

このような言葉を繰り返して、話を聞いていく。ここで使っている言葉は、善悪を判断していない。そして、その子の考えを肯定も否定もしていない。

ただ、その子がそう思ったということに対してだけ、同意しているのである。よく、「その子だけを認めると、クラス全体に影響する」と言う人がいるが、それは善悪の評価をしているからそうなるのである。

三　子どもの言葉から考える

子どもから聞いた言葉は、どれも大切な指導の指針となっている。

①ＡＤＨＤ／男子の言葉

カッとなったら、友達を殴ってしまう。その時、スローモーションのように自分の手が動いているのが見える。だけど、止められない。


この子に、怒鳴ったり厳しくしたりする指導は効果があるだろうか。

殴るのはよくないことは知っている。しかし、自分で止められないのである。

その子はそれを「また、やったのか。反省していない」と、何度も叱られ続けてきていた。

この指導のどこが間違っているのだろうか。それは、「反省していない」という部分である。

この子は、反省はしているのだ。それでも自分の力で止められないのだ。「自分はどうせダメだ」と、自分を責める言葉からも、そのことがわかるだろう。

この子の場合、「カッとした」→「殴る」の間がないことが問題なのだ。

「そうか、自分でもどうしようもないよなあ。それは、辛いよなあ」と同意し、一緒に問題となる箇所を確認した上で、どうしていくかを一緒に考えた。

この時は、「相手から離れる」「誰もいないところに行く」「先生のところに来る」などの方法を考えた。

そして、殴ってしまったら、そのことはできるだけ早く謝ったことがいいことも確認した。

次のトラブルが起こった時、その子に変化が見られた。カッとなって、今までは自分ではどうしようもできなかった状態で、その子は我慢しようとしていたのだ。

その時間は一瞬だった。しかし、確かに我慢しようとしていたのである。

結局、相手を殴ってしまった。殴ったことはよくないことを確認し、謝らせた。

そして、その後で私は、「さっき、我慢しようとしてたよね」と聞いた。その子は、はっきりと頷いた。

結果的には、同じ殴ったという行為でも、中身は全然違っている。この子の思いを知らなかったら、私は行為だけを見て同じように叱っていただろうと思う。

②アスペルガー／女子の言葉

そんなの言葉で言えたら、困ってないよ。


私が、かつてASDの女の子に言われた言葉である。

不安傾向が非常に強い子で、心配なことが二つ重なると、突っ伏してもう何もしなかった。突っ伏している子に、私はやさしく語りかけた。


**大丈夫だよ。「無理矢理しなさい」なんて言わないから。

でも、何が嫌だったのか教えてほしいんだ。そうしないと、次にあった時に困るでしょう。

だから、言葉で教えてほしいんだ。**

こう話しかけた時に返ってきたのが、最初の言葉だった。

私は、ハッと我に返った。

原因は一つではないかもしれない。いくつかのことが重なって、どうしようもなくなったのかもしれない。

そもそも、自分でもはっきりと原因がわからないのかもしれない。何となく不安になることだってある。

それを言葉で説明することを強要したために、この子は余計に混乱したのだ。

私はすぐに、この子に謝った。

そして、「そうか、言葉で説明できないのは辛いよなあ」と同意した。

その上で、「言葉では言えないというのも、立派な説明だよ」と言うと、その子は安心したように頷いた。

私はこの時、その子の「思い」ではなく、「理由」を聞こうとしていたのだ。

行為だけを見て判断していては、障害のある子への指導はできない。

障害のある子がどのように感じているのかということについて、私たち教師はもっともっとアンテナを敏感にして、知る努力をすべきである。

第6章

役割を与え、成功させることが教師の仕事

1 成功体験で努力は報われるという認識をもたせる

一 三〇秒以内の成功体験

学習に全く意欲を示さない。今まで、ほとんど学習の経験がない。面倒くさいことがあると、すぐに取り組まなくなる。気に入らないと叫ぶ。

このような子を担当した時、何からアプローチしていけばいいのだろうか。

このような子に、いくら「がんばったらできるよ」と励ましても効果はない。

なぜか。

それは、教師の励ましを照らし合わせる記憶が脳の中に存在しないからだ。だから、成功した状態をイメージできないのである。

まず最初にやるべき指導は、

うまくいったということを体験させること。

なのだ。

すぐに結果が出るものがよい。「すぐ」というのは一時間とか一五分とかそんなレベルではない。

三〇秒以内の成功体験。

できれば、一〇秒以内が望ましい。
そして、今後のことを考えると、できるだけその子が苦手としている内容で行いたい。
この子の場合で言うと、次のことが条件になる。

①座って行う学習。
②鉛筆を持って書く学習。
③黙って行う学習。

二　すぐれた教材が武器になる

通常の指導では、達成不可能である。しかし、ＴＯＳＳにはすぐれた教材がある。杉山登志郎氏は、大阪の特別支援セミナーの講演で、次のように発言した。

武器を持たなくては、指導はできない。TOSSの先生方は、武器を持っている。（文責：小野）

私たちにとって、すぐれた教材こそが「武器」となる。
私は、『名文スキル』（光村教育図書）を使った。

詩文の上に、トレーシングペーパーがついていて、なぞることができるようになっている。トレーシングペーパーは切り取ることができるので、切り取った後は、自分の作品ができあがることになる。

これなら失敗がない。そこで、この教材に取り組ませることにした。


上手な字が書けるようになる魔法のスキルです。「特別」に用意しましたよ。


そう言って、ニコニコしながら『名文スキル』を開いた。ぱっと見て簡単そうなページを選ぶ。

教材に取り組む前からもう勝負は始まっている。

その子は、嫌だと拒否しなかった。そのまま続けた。

最初の一文字目をなぞり始めた瞬間に、「そうだ」と褒める。

ここまでで、わずか数秒。

そして、やることがわかったところで、一行目だけなぞらせた。

なぞり終わった瞬間に、うれしくてたまらないという表情をしながら、「ちょっと貸して」とスキルを持つ。

そして、こう語りかける。


すごいぞ。びっくりするぞ。すごくいいのができたぞ。


そう言いながら、そ〜っとそ〜っと、薄い紙を持ち上げる。

そして、その子に見せる。

その子と一緒に、そう声を出しながら私も驚いてみせる。

「なぞったといっても、実際に書いたのは、自分だもんなあ。すごいなあ」と褒める。
ここまでで三〇秒。
これで、やっと次のことが理解できる。

このまま続けていっても、必ず成功する。

プラスの見通しがもてるから、やる気が出るのである。
ここから最後まで、集中して行ったことは言うまでもない。

2 成功体験をもたせるには順番がある

一 成功体験の順番

成功体験の使い方には、順番がある。

まず、直写教材のように、すぐに成功が実感できるものからスタートさせる。

それも、先に述べたように、最初の部分での成功体験が必要となってくる。

その上で、もう少し長い時間の努力が必要になるものへシフトチェンジしていく。

私は、次の段階として、短い詩の暗唱を行うことが多い。これも何度も読むうちにできるようになっていく。時間にして、一単位時間内の成功体験となる。

そして、それらを積み重ねていきながら、「漢字スキルの指導」に入っていく。

この段階で初めて、私は空書きのテストをやらせた。

支援学級で学年や進度がバラバラなので、ゆび書きで覚えたら、個々に空書きテストを受けるというシステムにしている。これは、すぐにできるとは限らない。何度かやり直しになることが見えている。

また、暗唱のように、「だんだん言えるようになってきた」というような上達が自分ではわかりにくい。

このような子に、最初から「空書きテスト」のような内容に取り組ませると、必ずと言っていいほど、間違えてかんしゃくを起こしてしまう。

だから、そうならないように成功体験を積ませながら、間違いに対する耐性をつけていくのである。

その視点から言うと、漢字の前に行う「詩文の暗唱」学習で取り上げることが決まってくる。

これが、空書きテストでも生きてくるのだ。

そして、空書きテストから、漢字テストへとつなげていく。

ここは少し時間がかかるところ。通常、二～三週間は必要だというのが私の実感である。

漢字スキルの学習が安定すると、少々の負荷をかけても大丈夫になってくる。

このように成功体験を組み合わせることで、指導困難な子にも対応していくことができる。

二　そんなことは一度もない

かつて担任した反抗挑戦性障害の男の子は、私の質問にこう答えた。

「そんなふうに思ったことは一度もありません」

それを聞いて、私は絶句した。私の質問はこうだった。


四年生までで、「がんばればできるようになる」と思ったことは何ですか？


年間二〇〇日学校に来るとして、四年間で八〇〇日、学校に通ったことになる。

それだけ学校にいながら、この子は一度も「がんばったらできる」と思ったことがなかったのだ。

学校は、今までこの子に何をやってきたのだろうかと、私は絶句した。

この子の口癖は、「やっても無理」「どうせできない」だった。

セルフエスティームが下がると、どのような状態になるのかが、この子を見て初めて理解できた。

いつも目がつり上がり、ちょっとしたことですぐにキレる。

周りの友達や大人に対する強烈な不信感がいつも感じられた。

生きていく気力が失われていく、もうどうなったっていい。そんな感じさえ受け取れた。

たった一〇歳やそこらの子が、このような状態になってしまう。

「自分はできる」というセルフエスティームをあげていくことでしか、この子の将来はないと感じていた。

三　初めての授業で成功体験

この子は、五年生で見違えるように落ち着きを取り戻した。

そのきっかけは、やはり授業だった。

初めての学習で、漢字パズルを出した。

田という漢字に×を入れた図形の中から、できるだけたくさんの漢字を探すというものだった。

例えば、「田」「一」「二」「十」「人」などができる。

この子も張り切って取り組んだ。

誰でもできる課題であること、学年が変わって、「今年こそは」という気持ちが彼の中にもあったことが要因だろう。

この子を絶対に授業の中で褒めようと思っていた私は、初めてすぐに五個の漢字を書いている彼のノートを取り上げて褒めた。

「すごい！　片山君は、もう五個も書いています」

そう言うと、周りから「すごい」と歓声が上がる。褒められ、周りから認められた彼は、ますます数を増やしていった。

授業が終わって、続きを宿題に出した。

図の中には、どんな漢字が入っているかな？

「今、最高は三〇個です。何個見つけられるか、楽しみにしています」

そのように言うと、休み時間にも彼は取り組んでいた。そのことを見つけて褒めた。さらに、やる気が加速した。

そして次の日。なんと、彼は一〇〇個を超える漢字を探してきたのだ。すぐに、みんなの前で紹介し、学級通信でも紹介した。

授業の中で、オフィシャルな場で、みんなと同じ条件の中で認められたのである。それから、彼は授業に少しずつ取り組むようになった。

少なくとも以前のように、やる前から「どうせ無理だ」などと言うことはほとんどなくなっていった。

四　成功体験のレベルアップ

一時間の成功体験だけでは、子どもの状態に変化はあっても安定はしない。

大事なのは、継続的な安定である。

そのためには、また違った意味での成功体験が必要である。

努力を続ければ、だんだんとできるようになっていく。この成功体験が必要なのだ。

そのために適しているのが、漢字テストと暗唱テストである。漢字テストの場合、出題される問題がわかっている。だから、練習すればできるようになる。

また、暗唱テストは、最初はみんなほとんど不合格になる。だから、失敗しても目立たない。それどころか挑戦したこと自体を褒められる。そして、何回か挑戦しているうちに、だんだんとできるようになっていく。

そのことが、実感できるのだ。

この「がんばれば、だんだんとできるようになる」という体験ができれば、子どもは安定していく。

五　自信がもてたのは勉強です

なぜ、この子は自信がもてたのか。何がそのきっかけになったのか。卒業した彼に、小学校時代を振り返ってもらった。

「自信がもてたのは、勉強です」

彼は、はっきりとこう答えた。

漢字テストや暗唱など、がんばればできるようになることがわかったと言うのだ。

つまり、「成功した」「うまくいった」という体験を通して初めて、「がんばればできるようになる」という見通しがもてるようになったということである。

また、「なわとびの二重跳びリレー」も大きな自信になったと話した。

向山実践の男女対抗なわとびリレーを追試していた。一人ずつ跳んでいき、引っかかったら次の人に交代していく。最後まで飛び続けた方が勝ちである。

当然、最初は女子の圧勝が続く。なかなか男子は勝てない。悔しい思いが続く。それが、ある時、この子の活躍で男子が逆転勝利を収めたのだ。

歯を食いしばって飛び続ける彼を、クラス中の男子が一斉に応援した。そして、最後の最後で奇跡の大逆転。この子の周りには、男子が自然と集まって、「すごい」「ありがとう」と言葉をかけていた。かつては、煙たがられ敬遠された彼が経験した初めての仲間からの賞賛の声だった。

彼が変わったのは、がんばれば「できるようになる」「仲間が認めてくれる」という授業の中での成功体験だったのだ。

3 役割を与えることで子どもは変わる

一　役割を与えるということ

向山洋一全集16『子ども社会の差別とどう闘ったか』（明治図書出版）の中に、次の記述がある。

始業式の日、彼を褒めようと思った。そして、授業の挨拶の号令をする係にしようと思っていた。

障害のある林君を担任した時、決めた方針である。

そうすれば、毎時間、彼は自分の仕事が与えられ、しかも授業開始の時に教室にいなければならないことになるからだ。


この記述だけで、林君がどんな子なのかがよくわかる。

教室を抜け出す、当たり前のことをやらない、今で言えば反抗挑戦性障害ともとれる。

この子に役割を与えることで、なんとか彼を集団の中で変えていこうという決意が感じられる。

しかし、考えてもらいたい。林君のような子に、みなさんは大事な役割を任せきる自信があるだろうか？

たぶん、このような経験は一度もないだろう。そもそも、集団の中で過ごすことさえも難しい。

当然、失敗することも、やらないこともあるだろう。また、周りの子から文句が出ることもあるだろう。

そのようなことも全て覚悟の上で、林君に役割を与えたのである。

ただ単に、役割を与えたのではない。その覚悟は、次の文章からもわかる。


ぼくは今まで、授業開始などの挨拶をしたことがなかった。そんなことをせずに、しぜんにすうっと授業に入った方がはるかによかったからだ。しかし、そんな形式的な役でも、その時の彼には必要な仕事であった。


自分の信念を曲げてまで行った取り組みなのである。

「全員の中で、みんなの中で認められなければ、林君の抱える問題を解消できない」と、向山氏は決意したのだろうと推測される。このことが、私の実践に大きく影響を与えた。

二 「役割を与える」を追試する

向山実践の中に、「じゃんけん立候補制」がある。

学級委員を決める時、反抗挑戦性障害の浦木君が立候補し、見事じゃんけんに勝ってしまった。

一瞬、私はたじろいだ。「この子にできるだろうか?」そういう気持ちを抱いてしまっていた。

そんな気持ちを後押ししてくれたのが、向山実践だった。


何があっても、彼の行為の責任を全部かぶろう。

そう決意して、取り組ませた。

浦木君は、代表委員会でノートを取り、発言をするようになった。昨年までの浦木君の姿を知っている先生たちが、そのたびに浦木君に褒め言葉をかけてくれた。

それから浦木君は、安定した。

後に、浦木君は小学校時代を振り返って、「学級委員として認められたことが、自分の自信になった」と述べている。あんなに暴れまくっていた浦木君も、本当はみんなの中で、役割を与えてもらいたかったのである。それも特別扱いではなく、みんなに信頼される形で、認めてもらいたかったのである。

学級委員になってからは、出張の時に「給食のおかわり」の仕事を浦木君に頼むようになった。もちろん、事前に私が見ている前で三日ほど練習させた。

もう一歩の詰め

そして、クラスのみんなには、

給食のおかわりは、難しいのです。だから、協力してあげてください。うまくいかなくて当たり前。その時は、浦木君に頼んだ先生の責任。うまくいったら、それは浦木君がすごいのです。

そう言って、浦木君に任せた。

何度か出張があった中で、トラブルになったことは一度もなかった。上手に仕切っていた。ＡＤＨＤの子は、その場を支配したい子が多い。だから、仕切らせる方に回ると、うまくいくことが多いことを学んだ。役割を与えることで、障害のある子も変わっていく。それを向山実践から学んだ。

あとがき

特別支援教育の研修やセミナーで、発達障害の子への対応について話す機会が多い。

すると、「そんな対応、思いもつきませんでした」という感想をよくいただく。

多くの方にとっては驚く対応なのかもしれないが、私にとってはごくごく普通のことであるというのが本音である。

ただ、自分なりに何が違うのかを考えた時に思い浮かぶのは次のことである。


何か指導した時に、そこで終わるのではなく、そこからもう一歩突っ込んで考えてみる。


上手くいった時でも、上手くいかなかった時でも、常にそこから何かできないかと考えることが癖になっている。

そうすると、子どもの見え方が変わってくる。

すると不思議なもので、大変な子に対応してもイライラしなくなる。もっと具体的に言うと、昨日のイライラと今日のイライラとが違って見えるようになったのである。

それは、指導のたびに、もう一歩突っ込んで考えてみるようになってからのことだ。

上手くいかなかった時は、その場でノートに経過を書くようにした。自分が言ったこと、子どもの反応、自分の感情など、思いつくまま書き続ける。

そのことで、まず自分が冷静になれる。自分がかっかしていてはダメだ。見えるものも見えなくなってしまう。

そして、書いていくうちに、子どもがイライラした分岐点がはっきりわかるようになった。また、その前のいくつかの要因も浮き上がってくるようになった。

そうなると、次の同じような場面で、自分の指導を変えることができるのだ。

また、上手くいった時も大切である。上手くいったということは、そうなる要因があるはずなのだ。それがわかれば、次から意図的に指導を行うことができるようになる。

そうやってできあがったのが、「もう一歩の詰めの指導」である。

だから、多くの先生の指導を聞いて、

せっかく良い指導をしているのに、そこで終わっているのはもったいない。


といつも思うようになった。

そのように話していると、そのような事例をもっと知りたいという声が予想以上に多くあった。

その声にお応えする形で、本書を執筆することにした。

「こういう時にはこう指導する」という内容の本は増えてきた。

しかし本書は、「指導のポイントを掘り下げる」「もう一つの指導を組み合わせる」という今までにない内容になったと思う。

本書は、二〇一五年に学芸みらい社から刊行した、シリーズ「トラブルをドラマに変えてゆく教師の仕事術」の第一巻『発達障がいの子がいるから素晴らしいクラスができる』の続編である。

「この子はどうしようもない」と言われた子が、TOSSの指導法で次々に変化していった記録を中心に執筆した。

この本はおかげさまで増刷を重ね、多くの方に手をとっていただくことができた。

また、多くの教師や保護者の方からも「勇気が出ました」とのお便りをいただいた。

この場をお借りしてお礼申し上げたい。

さて、その中で「具体的な手法をもっと細かく教えてほしい」「若い先生たちへの研修ができるような本にしてほしい」という声も多くあった。

そこで、どのような手立てをどのような手順で行うことが大切なのか。また、この指導のポイントはどこなのか、という視点でまとめてみることにした。

具体的な内容にすればするほど、ページのボリュームが増えていき、当初の予定を大幅に超えたページ数となった。

そこで、学芸みらい社・青木誠一郎氏に相談したところ、二冊に分けて出版してはどうかというアドバイスをいただいた。この二冊が生まれたのは、青木氏のおかげである。

また、二冊同時刊行ということで、編集に際し小島直人氏に多大なご尽力をいただいた。

この場をお借りして、お二人にお礼を申し上げたい。

さらに、二〇代の駆け出しの頃から、いつも具体的なご指導をいただいている向山洋一氏のおかげで実践を重ね、本書を執筆することができた。

本書が、多くの先生方のお役に立てることを心から願っている。

小野隆行

著者紹介

小野隆行（おの・たかゆき）

1972年9月、兵庫県生まれ。香川大学教育学部卒業後、岡山県蒜山教育事務組合立八束小学校に着任。岡山市立宇野小学校等を経て、現在、岡山市立西小学校に勤務。

新卒で向山洋一氏の実践に出会い、授業を追試することで目の前の子どもたちがみるみる変わることを実感する。その時から、すぐれた実践を追試する日々が続く。27歳でTOSSサークル「WISH」を結成。以来、サークル活動を継続し、現在はTOSS岡山代表も務めている。20代で発達障害の子と出会い、自分の指導を根本的に見直す必要に迫られ、そこから、多くのドクター・専門家と共同研究を進め、医学的・脳科学的な裏付けをもとにした指導を行うようになる。同時に、発達障害の子を集団の中でどのように指導していくか、さらに学級全体をどのように組織していくかを研究テーマにした実践を20年近く続け、特別支援学級での子どもへの指導はもちろん、通常学級での発達障害の子どもの指導にも数多く携わる。また、勤務した学校では特別支援教育コーディネーターとして校内の組織作り・研修体制作りなどにも関わり、毎年20近くの校内研修・公開講座で講演。NPO主催のセミナーでも多数講師を務め、指導的役割を担っている。著書に、本書を含む「トラブルをドラマに変えてゆく教師の仕事術」シリーズ――『発達障がいの子がいるから素晴らしいクラスができる！』『喧嘩・荒れ とっておきの学級トラブル対処法』『新指導要領に対応した特別支援教育で学校が変わる！』『特別支援教育の校内研修で学校が変わる！――「ユニバーサルデザインの学級・授業づくり」ポイント30』、そして新シリーズ「特別支援教育『鉄壁の法則』」――『特別支援学級「感動の教室」づくり　定石＆改革ポイント』が、また編著に『特別支援教育 重要用語の基礎知識』、共著に『発達障害児を救う体育指導――激変！感覚統合スキル95』（いずれも学芸みらい社）がある。

トラブルをドラマに変《か》えてゆく教師《きょうし》の仕事術《しごとじゅつ》
特別《とくべつ》支《し》援《えん》教育《きょういく》が変《か》わるもう一歩《ぽ》の詰《つ》め

GAKUGEI MIRAISHA

2016年11月１日　初版発行
2018年12月20日　第２版発行

著　者　小野隆行
発行者　小島直人
発行所　株式会社 学芸みらい社
〒162-0833 東京都新宿区箪笥町31 箪笥町SKビル3F
電話番号 03-5227-1266
http://www.gakugeimirai.jp/
E-mail : info@gakugeimirai.jp
印刷所・製本所　藤原印刷株式会社
ブックデザイン　荒木香樹
本文イラスト　村松仁美

落丁・乱丁本は弊社宛お送りください。送料弊社負担でお取り替えいたします。

ISBN978-4-908637-26-1 C3037

学芸みらい社の好評既刊

日本全国の書店や、アマゾン他のネット書店で注文・購入できます！

いま、特別支援教育で教師と医療現場との連携が重要だ！ 全国の幼稚園・保育園・学校教師、医師、保護者、行政関係者、必読！ 必備！

教室のガラスを粉々に割ってしまう子。筆を振り回して教室中を墨汁だらけにしてしまう子。毎日のように友達に暴力を振るう子……。発達の凹凸を持った子どもたちに教師はどう共感し、指導していけばいいのか？　いち早く発達障害の子どもたちの課題に取り組んできたTOSSの実践を伝える。

ドクターと教室をつなぐ医教連携の効果 第①～③巻

企画　**向山洋一**　日本教育技術学会会長・TOSS代表

監修　**宮尾益知**　発達障害に関する日本の第一人者のドクター

編集　**谷　和樹**　玉川大学教職大学院教授

TOSSの教師たちと医師の共同研究の成果をふまえ、いくつもの教室で実践された、発達障害の子どもたちへの実践的な指導法の数々を紹介。全国の先生方から「こんな本が欲しかった!」と大好評を博した「医教連携シリーズ」第1弾。

第1巻　978-4-905374-42-8 C3037

医師と教師が発達障害の子どもたちを変化させた

A5判並製　192ページ

教材・教具の効果的な活用法や肢体不自由児への対応など、発達障害児への具体的で広範な指導法を解説。教育の視点と医療の視点が結びつくことで子どもたちが良くなっていく過程を鮮やかに描く。「医教連携シリーズ」第2弾。

第2巻　978-4-905374-86-2 C3037

医師と教師が発達障害の子どもたちを変化させた

A5判並製　216ページ

ADHD、アスペルガー、学習障害、行為障害、不適応行動……。症例別に対策と指導法を解説。発達障害の子どもたちを支えるシステムの作り方を紹介する。医師と教師が力を合わせる「チーム学校」のあざやかな実践。医教連携シリーズ、最新刊。

第3巻　978-4-908637-16-2 C3037

発達障害の子どもたちを支える医教連携の「チーム学校」「症例別」実践指導

A5判並製　232ページ

各巻　定価：本体2000円+税